青春文庫

アドラー心理学で

子どもの「がまんできる心」を引きだす本

星 一郎

青春出版社

はじめに

「がまん」

この言葉から、どんなイメージを思い浮かべますか？

耐える？　苦しい？　つらい？

……本書でお伝えする「がまん」は、忍耐や苦行とは違います。くわしくは本文にゆずりますが、「目的を実現する力」とでもイメージしてみてください。

高くジャンプするためには、より深く屈伸することが必要です。がまんとは、その屈伸のようなものです。


現代は、子どもに「がまん」を教えるのが、たいへんな時代です。

新しいモノは次々に出てくるし、新しい情報もどんどん入ってきて、次から次へと子どもの目を奪うからです。

そういう社会のなかでは、がまんして望みが実現するまでじっくりと粘ったり、工夫したり、目先の誘惑にひきずられず自分をコントロールする力が育ちにくいものです。

がまんする時間は、それが自分の本当にほしいものか、やりたいことかどうかを見極める時間でもあります。

本当にやりたいことがわからないという子どもや若者が増えたのも、がまんの体験がたりないせいかもしれません。

近ごろの子どもや若い人の傾向として、やる気に乏しい、衝動がすぐ行動に出やすい、解決方法の選択肢が狭まっている（いわゆるマニュアル人間）、傷つくことを避けようとする、などとも言われます。

大人たちは、そんな子どもたちを見て、「子どもたちに何が起きているのか？」「今の子どもの心はわからない」と、子どもの心を解釈することばかりにとらわれてしまっているように思います。

でも、「心」なんて、結局はわからないものです。
私たちは生きていれば、傷つくことも、イライラすることも、裏切られることも、挫折を経験することもあります。
かんじんなのは、「何が原因でこうなったのか」といったことよりも、「そうならないためにどう行動するか」ではないでしょうか。

アドラー心理学では、「心」を問題にしません。アルフレッド・アドラーはフロイトやユングとほぼ同時代の心理学者ですが、人格や心ではなく「行動」に注目します。

たとえば小学生の男の子が、学校で傷つくようなことがあって、帰宅するなり妹をポカリとやったとします。そんなとき、なぜ傷ついたかを問題にするよりも、「傷ついたときはポカリとやる他に、どんな方法があるかな」と考えさせることが大切だと考えます。

あるいは女の子が、なんとなくさびしかったりつまらなかったりして、出会い系サイトにアクセスしたとします。さびしさやつまらなさの正体を分析して癒してあげようとすることよりも、その行動にはどんな危険があるかという情報をあげることと、「さびしくてつまらないとき、他にどんな解決の行動があるかな」と問いかけることのほうが大切ではないでしょうか。

本書は、そんなアドラー心理学にもとづいて、どうしたら「がまんできる心」を引き出せるかを、できるだけ日常のシーンに即して紹介しました。

「がまん」する力を磨くことで、子どもはもっと伸びます。

本書が、一人でも多くの方の子育てに役に立てば幸いに思います。

星　一郎

アドラー心理学で子どもの「がまんできる心」を引きだす本　目次

1章 子どもをやる気にさせる「がまん」、つらいだけの「がまん」

2章 「何でもほしがる子」が、みるみる変わりだす魔法

4章

こんな言葉がけで、気持ちをコントロールできる子になる

5章 子どもの「がんばる心」をくすぐる、ちょっとしたひと言

6章 ゲーム、スマホ…との、上手な距離のとらせ方

7章

親の「少しのがまん」で、親も子ももっとラクになる

終章 それでも、つい感情的になってしまうときには

カバーイラスト　玉村幸子
本文デザイン　岡崎理恵
本文ＤＴＰ　センターメディア
編集協力　武田裕子

序章

がまんできる心＝自律心が子どもを伸ばす7つの理由

「我慢」という言葉を辞書で引いてみると、もとは仏教で「心が高慢であること」、そして「我意を張る、強情であるさま」といった意味だったことがわかります。

これが時代とともに「耐え忍ぶ」という意味へと移っていったようです。

この本でお伝えしたい「がまん」は、この中間ぐらいの意味です。

つらいことや不幸をただ耐え忍んでも、いいことはありません。

そうではなく、我（自分）を大切にし、強く生きていくためだからこそ「がまん」を経験することが大切です。

アドラーは直接的にがまんについて述べていませんが、がまんという行動には目的があると述べています。

なぜ今、そんな「がまん」が大切なのでしょうか。

「がまん」の体験から、子どもは何を得られるのでしょうか。

1 待つ時間が「想像力」「創造力」を育てる

想像力とか創造力というと、特別な力のように思うかもしれませんが、誰でも持っているはずのものなのです。

たとえば私の子ども時代には「グローブがほしいなあ」と思っても、よほどお金持ちの子どもでないと、買ってもらえませんでした。ですから、お父さんの外套《がいとう》で手作りしたものです。

最初にほしいなと思ったときから、手に入れて（自作して）使えるようになるまでに、かなり時間があきます。その間、グローブがあったらどんなにいいだろうな、友だちのグローブではなく自分のグローブを手にはめてボールをキャッチした感触はこんなかな、自分のがあればこうやって遊べるぞ、あの子にも貸してあげようかな……と、いろいろな思いをめぐらせます。材料を考え、作り方を考えたり周囲の子に聞いてみたり、うまくいかずに首をひねったり……。

アドラーは、想像力は創造力を育てると述べています。

ほしいものが手に入るまでの時間というのは、空想して、想像して、楽しみをふくらませ、自分なりの方法を考えて、工夫し、といったとても大切なプロセスなのです。「こうなったらいいなあ」という想像力と、「どうやったらできるだろう」という創造力とは、人が進歩してきた原動力。「空を飛べたらいいなあ」と思ったから、飛行機ができたわけです。

ところが今は、ほしいものは「あったらいいなあ」なんて空想してみる間もなく、すぐに手に入る時代です。想像と創造のプロセスが欠けてしまうのです。

だからこそ、ちょっと工夫をして「手に入るまでしばらくがまんする」という時間を、子どもに作ってあげてほしいのです。

2

「本当にほしいもの」を見つけられる

テレビでやっているようなマジックができる手品セットがほしい！　と子どもが言ったとします。がまんしてお誕生日まで待ってもらうことにしました。それなのに、お誕生日になってみると「もういらないや」と言うかもしれません。

でもそこで「ほしいと言ったのに、どうしてすぐに気が変わるの！」なんて叱ることはないのです。

そのときはほしいと思ったけれど、しばらく待つうちにほしくなくなった……これは、「本当にほしいものではなかった」とわかったわけです。

ほしいと思ったそばから手に入れていたら、たいして使いもしないものがあふれてしまいます。お母さん方も、思い当たることがありませんか？

衝動買いした洋服やバッグなどがどこかに眠っていないでしょうか。逆に、思わず買いそうになったけれどお財布と相談して踏みとどまり、あとになってから「買わなくてよかった」と思うことはありませんか。

世の中全体が「衝動買い」奨励の時代です。コマーシャルに情報はあふれているし、小学生の女の子が手にする雑誌だって、読者モデルが大人顔負けの高価なブランド品を身につけています。ゲームは次々新しいものが出ます。

お友だちが持っていれば、自分だってほしくなります。こうしたなかに身を任せていると、「本当にほしいもの」（モノに限りません）が見えなくなってしまうのです。

「がまん」の時間を作る工夫は、ほしいかどうかを見分ける練習にもなります。

3　がんばった分だけ、喜びと達成感が大きくなる

本当にほしいものを、がまんの末に手にしたときの喜びは大きいものです。

ただ手に入ってよかったというだけでなく、達成感を味わうことができます。

私の子ども時代のグローブなどもその例ですが、何も手作りの品物に限りません。

おこづかいを節約して五〇〇円ずつ貯金して、貯めたお金で模型飛行機を買えた子どもは、どれだけうれしいでしょう。

フィギアスケートにあこがれて、教室に入ったけれど最初はつらいことばっかりかもしれません。それでもじっとがまんして続けて、ようやくきれいにスピンができる

ようになったら、喜びはひとしおでしょう。

囲碁のアマ初段になったら、オモチャの碁盤でなくちゃんとした本物の碁盤を買ってあげる、という親の約束をとりつけて、がんばって初段に受かった子どもは、合格の感激が何倍にもなります。

アドラー心理学では、やる気を引き出すには、「がんばれ」と激励するよりも、小さな喜びや達成感を与えるほうが効果的だと考えられています。

待った時間、がんばった時間の分だけ、実現の喜びは大きくなるのです。

この喜びと達成感は、次にもっとがんばろうとする力になります。

4
「欲求」「衝動」を抑え、自分で考えて行動できる

人の欲求というのは、どんどんふくらむものです。

今のお母さん、お父さんは「神田川」という歌をご存知かどうかわかりませんが、好きになった人と暮らせるなら三畳一間でお風呂もないアパートだって幸せ、という歌です。

けれど実際、それが実現すると、次は内風呂つきのアパートに住みたくなります。今度は、やっぱり隣の音が聞こえちゃうようなアパートはイヤだな、賃貸のマンションに移りたい。その次は、子どももできたし、少々会社から遠くても一戸建てがいい。

最後は高級住宅地に住みたい、ということになるのかもしれません。

アドラーは目的追求性という考えを述べています。「人は目的に向かって行動する」という考えです。一つの目的が成功すると次の目標に向かいます。これはプラスの目標だけではなく、マイナスの目標でも同じです。

問題は、「本当にほしいもの」「本当に必要なもの」ではないときに限って、欲求はさらに限りなくふくらむ場合があるということです。

過食の子どもは、おなかがすいたからではなく、もやもやイライラなどを紛らわそうとして食べていたりします。食べても、食べても、欲求は満たされず、まだ食べたいのです。

ブランド品で見栄を張りたい女性は、どんなに買っても満足することがなく、もっともっと買いたくなります。

「がまん」を身につけることは、本当にほしいものを見分けて、欲求が無制限にふくらむのをおさえる知恵になるのです。

誰かが持っているから自分もほしい、というのは単に刺激で引っ張られているだけで、本当にほしいものとは違います。

あるいは子どもは、ミニカーをポイッと投げてみたくなるときもあります。けれど投げたら、そこに他の子どもがいるかもしれません。

スーパーに並んでいる品を、端から全部さわって歩きたくなることもあります。きれいに並べてあるのがくずれて迷惑かもしれないし、棚から商品がなだれ落ちたりすれば、子どもだって大慌てすることになります。

やってみたいなと思ったことを、そのまますぐに行動に移すのではなく、「人に迷惑をかけないかな」「何かまずいことにならないかな」と考えられること……これも「がまん」のひとつです。

欲求や衝動を「がまん」できるということは、最終的には「自分にとって本当に大切なものは何だろう」「自分は人生に何を求めているんだろう」と考える力につながるのです。

5 「がまんの体験」がストレスに強い子を育てる

物事がちょっとうまくいかないと、「あいつが悪いんだ」「世の中がいけないんだ」と誰かや何かのせいにしてしまう。これは自分を守るためです。

思った通りにならないと、うんざりしてすぐあきらめてしまう。疲れることや深手を負うことを避けようとしているのです。相手がちょっと自分のほうを向かずにいると、嫌われたんだと感じて悲しくなったり、「あの子なんか！」という態度に出る。これも、傷つくことをおそれて退却しているのです。

どれも、ストレスに弱いと言っていいでしょう。「ここまでなら耐えられる」という限界ラインをすぐにこえてしまうので、他の人のせいにしたり、あきらめたり、攻撃したり悲嘆にくれたりするのです。

そうやって自分を守っていれば傷つかずにすみますが、自分が本当に望んでいるものを得ることはできません。うまくいかない物事は解決しないままだし、やりたかったことをあきらめることになってしまうし、大事なはずの関係も壊れてしまいます。

アドラーが「人間の悩みはすべて対人関係の悩みである」と言っているように、今、こうした人間関係をめぐるストレスに弱い子どもたちが、どうも増えているような気がします。

欲求や衝動を吟味したり、それを「がまんできる」ことは、ストレスに対して強くなるということでもあります。

多少のストレスを感じても、大きな目的を考えたらこのぐらいは大丈夫と思えたり、やりたいことのために「がまん」できたり、うまくいかないことをどうやって工夫して切り抜けようかと考えられる。すぐにどうにかならなくても、それをじっと「がまん」しながらやがて解決していく。小さいころからの「がまん」の体験は、そんな力を育てるのです。

6 いろいろな選択肢を思いつく視野の広い子になる

やりたくなったことはすぐやれてしまう、ほしいと思ったものはすぐ手に入る、というのは、一見、何不自由ない生き方のように思えるかもしれません。

ところがそうではないのです。

裏を返せば、すぐやれなかったらもうダメ、すぐ手に入らないものはもうダメということになってしまうのです。オール・オア・ナッシングの生き方です。

こうやって育った子どもは、挫折や失敗に弱くなります。思った通りうまくいかなかったとき、「次にはどうしたらいいか」「他にどんな方法があるか」と考える練習をしていないからです。

アドラー心理学では、過去を問いつめたり問題の原因を探るのではなく、これから先の行動のもつ未来のことを考えます。

「がまん」を教えるということは、別のやり方や、別の工夫を考えさせるということでもあります。

バスのなかで友だちとはしゃいで遊び始めたら、騒がしくて迷惑になりますから「がまん」する必要があります。けれど、児童館に着いてからなら、いくらでも遊べます。

壁にクレヨンで大きな絵を描いてみたいけれど、それでは汚れてしまうから「がまん」しなくてはなりません。けれど、カレンダーを裏返せば大きな絵だって描けます。

おこづかいを使いすぎてしまえば、大好きな雑誌の発売日に指をくわえていなくてはなりません。ただし、店のおじさんに「来月のおこづかいをもらったら必ず買うから、とっておいてくれませんか」と交渉することだってできるでしょう。

たくさんの選択肢を考えつく、というのは生きる上で大きな力となるのです。

7 自己肯定感が高まり、自分に自信を持てるようになる

最近、「自己肯定感」とか「自尊感情」という言葉がよく聞かれるようになりました。アドラー心理学では「自分が好き」「この自分でいいと思える」という感覚をいいます。

自分を好きでない子どもは、失敗することや、傷つくことを、とてもおそれます。なんとか周囲から受け入れてもらおうと、必死になって周囲に合わせ、疲れてしまいます。

でも、どうしたら自分を好きになれるのでしょうか？

他人よりすぐれているから？　他人より強かったりかわいかったり成績がいいから？　それとも何をやっても完ぺきにできるから？

そんなことを言い出したら、きりがありません。

「自分なりにうまくやれている」「自分なりにがんばっている」「自分なりに成長している」……そう思えたとき、子どもは自分を好きになり、自分を信じることができるのです。

あきらめずに工夫したり粘ったりして目的を達成できること。

衝動や欲求にひきずられず自分で自分をコントロールできること。

周囲の人に与えてもらうばかりではなく、人の役に立ったり、自分の責任をきちんと果たせること。

失敗したり思い通りにならないことがあっても、別の方法を考えられること。

……「がまん」の体験は、子どもが自分に自信を持ち、自分を好きになるためのチャンスでもあるのです。

1章

子どもをやる気にさせる「がまん」、つらいだけの「がまん」

「がまんできる時間」が子どもの自信になる

たとえば、ゲーム機を今買うのではなくお誕生日まで「がまん」してもらうとします。すると、子どもにとって、いったいどんないいことがあるのでしょう？


「がまん」とは、あきらめさせることとは違います。

言わば、楽しみを先に延ばす、ということです。


新しいゲーム機を買ってほしいという子どもに、

「がまんしなさい」

と、ただ言うだけだったら、「ダメ」と言うのと同じこと。

「今は買えないけど、お誕生日までがまんして待ってくれたら、買ってあげられるよ」

「そうだなあ、来月まで毎日お手伝いしてくれたら、買ってあげてもいいなあ」

……これは、単に「すぐ買ってもらえない」ということではないのです。

誕生日まで待ったり、一生懸命お手伝いをする間に、子どもはいろいろと想像をふくらませるでしょう。

次にやりたいゲームのことを考えたり、攻略本を買いたくなるだろうからおこづかいを節約しておかないと、なんて決めるかもしれません。友だちの家でやらせてもらった、あのゲームソフトを借りられるかな、じゃあ自分は新しく出るあれをお年玉で買って、クリアしたら貸してあげよう……なんて計画したりします。


お母さんが、ちょっと手助けしてあげるのもいいでしょう。

「そのゲーム機、そんなにいいんだ？　どんなゲームをやりたいの？」

と聞いたら、子どもは自分の好きなもののことですから、一生懸命説明するかもしれません。

「お誕生日まであと一週間だね。もうすぐだね」

「お手伝い、もう一〇日も続いたね。がんばってるね」

子どもは、自分のがまんで目的が近づいているのを確かめられます。

「ちゃんとがまんできたね。さあ、買ってあげよう」

その日には、ほしかったものが手に入っただけでなく、子どもはもっと大きなものを手に入れているのです。

やれたんだという自信、それを親に認めてもらったという誇らしさです。

これが、子どもを勇気づける「がまん」の例です。このようにアドラー心理学では、子どもを勇気づけ、前向きになる言葉がけをします。でも、逆に子どもの勇気をくじき、ぺしゃんこにしてしまう「がまん」もあるのです。

「がまんしなさい！」という頭ごなしの言葉が、いったいどんなことを引き起こすでしょう。

この章では、日常生活で起こりがちな例を通して、子どもを伸ばす「がまん」と、つらいだけの「がまん」の違いを考えていきましょう。

自分の気持ちを否定されると、あきらめグセがついてしまう

休日に、子どもが「遊園地連れてって～」とおねだり。今日はちょっと、というとき、何と答えますか。単なるあきらめと、実りある「がまん」の分かれ目かもしれません。

「日曜日に、遊園地に連れてってよ」と、子どもが言い出しました。でも、「そうやってあれこれ言い出すんじゃないの！　少しはがまんしなさい」

……これでは、子どもの気持ちを否定したことになってしまいます。自分から欲求をおさえるのなら、子どもの力になりますが、親から「欲求を否定された」子どもは、そのうちあきらめやすい子になってしまいます。

連れていく気がないのなら、

「残念だけど、日曜日は連れていかれないよ」

と言えばすむこと。

もっと近くなら出かけてもいい、と思うなら、交渉すればいいのです。

「お母さん、今週は仕事でちょっと疲れたからなあ。遊園地は無理だけど、○○公園だったらいいよ」


アドラー心理学では体験を重視しますが、**がまんを体験させるなら、実現の可能性をきちんと見せてあげることです。**

「そうか遊園地に行きたいんだね。もうちょっとがまんしててくれれば、来月には、連れていってあげられるかなあ」

「わかった、来月だね！」

その間に、子どもは遊園地に行ったら何で遊ぼうかな、お父さんと一緒にジェットコースターに挑戦したいな、妹はジェットコースターをこわがるだろうからメリーゴーラウンドにつきあってあげてもいいや……なんて、あれこれ楽しみに計画することでしょう。

「がまんしたら、いいことがある」体験を積み重ねよう

「今日はダメ、今度買ってあげる」という約束のはずが、子どもは忘れてしまってそれっきりに。ありがちな事態ですが、ちょっとひと工夫で「がまん」が生きるのです。

キャラクターつきのレターセットをほしがった子に、
「お給料が入ったら買ってあげるから、それまでがまんして」
とお母さんが言いました。
でも、いざそのときになったら、子どもはすっかり忘れているのです。
それをいいことに、お母さんも知らんぷり……。
これではちょっと困ります。忘れてしまうほうが悪い、という考え方もあるかもし

れませんが、「がまん」を教えたいのなら、きちんと確認してあげましょう。

「この間、おまえと約束したけど、どう？　今でもほしい？」

もういらない、というなら、

「そうか、いらなくなったんだね。いらないものがわかってよかったね」

買ってほしいというのなら、

「よくがまんしたね。じゃ買おうか」

ということになるでしょう。

待たせておいてそのままウヤムヤに終わることが続くと、がまんしたって何にもならない、という結果になってしまいます。そうではなく、がまんしたら、あとでいいことがある、という体験がかんじんなのです。

ですから、あれもこれも「今はがまん、あとでね」というセリフを乱発するのはやめて、買えないものは買えないとその場でハッキリ言ったほうがいいのです。

あるいはこんな方法もあります。

「お母さん、うっかりするといけないから、そのときになったら、おまえから言ってもらえるかなあ」

もちろん、子どもというのは毎日のことで夢中になれば忘れてしまうもの。どうすれば覚えていられるか、一緒に考えるのです。

たとえば、カレンダーに書いておく、などです。本当にほしいものだったら、子どもはカレンダーを見るたびに「あとこれだけたったら買ってもらえる」と楽しみにし、その日の喜びを想像するでしょう。ただしそのとき、

「忘れていて言わなかったから、今回はナシ！」

なんていう罰則はやめたほうがいいですよ。そこで子どもに悲しい思いをさせたからといって、いいことは何もありません。

子どもがちゃんと覚えていて自分から言い出したら、

「カレンダーに書いたから、ちゃんと覚えていられたね」

と認めてあげればいい。楽しみなことを書いておく、という習慣が身につきます。もし忘れていたら、お母さんがちょこっとヒントをあげてください。そして、

「ほんのちょっとのヒントで思い出せたねえ。じゃあ今度は、どうやったらヒントなしでも覚えていられるかなあ」

と、もうひと押ししてあげるのです。

「がんばった」「勇気を出せた」のひと言が勇気を育てる

「それぐらい、がまんしなさい」「こわがってないで、がまんするのよ！」と言っても、イヤなものはイヤなのです。尻ごみしている子どもを前に、どうしたらいい？

転んで泣いている子に向かって、

「そのぐらい痛くないでしょ！　がまんしなさい」

予防注射に尻ごみしている子に、

「ちっともこわくないんだから！　がまんするのよ」

……つい言いがちなセリフですが、痛いものは痛いし、こわいものはこわいのです。

言われた子どもにしてみれば、痛いんだと訴えたくてよけいに泣くかもしれないし、こわがっている自分は意気地なしだと思ってしまうかもしれません。そうなれば自信をなくして、いっそう尻ごみします。


子どもの感覚を否定したり勝手に決めつけるのはやめて、

「自分で立てるかな?」

「勇気を出して注射できるかな?」

というように声をかけてみたらどうでしょう。そして、

「がんばって立てたね!」

「勇気が出せたね!」

と、行動を認めてあげればいいのです。


こんなとき、アドラー心理学では「えらかっただね」とはほめません。親子の役割の違いはありますが、基本的に親と子は対等の関係です。上からの立場で**「えらい」と人格をほめられるより、自分の行動を認められたほうが子どもは勇気がわいてくる、**と考えるからです。

「お兄（姉）ちゃんだから、がまんしなさい」と言わない

「男の子なんだから、がまんしなさい」「お姉ちゃんでしょ、がまんして」……よく言ってしまいがちな、こんなセリフに、子どもは「どうして？」と思っているかもしれません。

電車の乗り換えで急いでいるところへ、

「お母さん、のど渇いた。ジュース飲みたい」

「ちょっとぐらいがまんしなさいよ！」

……子どもにしてみるとどうしてがまんするのか、理由がわかりません。よほど焦っているならしかたないのですが、一刻一秒を争う事態でないのなら、もうちょっと説明してあげたらどうでしょう。

「乗り換えするから時間がないの。次に電車を降りるまで、待てるかな？」

約束の駅で降りたら、

「ちゃんとがまんできたね。ジュース買おうか？」

これで、子どもも満足です。


また、よく言ってしまいがちな次のセリフはどうでしょうか。

「お姉ちゃんでしょ！　がまんしなさい」

「お兄ちゃんなんだから、がまんしなさい」

……どうしてお姉ちゃんやお兄ちゃんだと、がまんしなければいけないのでしょう。これも理由がわかりません。子どもにしてみれば、なんだか損をした気分になるでしょう。


もめごとが起きたとき、親が口出ししなくても、きょうだいで話し合って解決できる場合もあります。あるいは、**今はがまんしてもらう理由がちゃんとあるときは、**

「これはお稽古に使うから買ってきたんだよ。お姉ちゃんが何かいるときには、お姉ちゃんに買うよ」

というように、**はっきり理由を言えばいいのです。**

こんな言葉がけで、親の都合もわかってくれる

「お母さん忙しいんだから、ゴチャゴチャ言わないでがまんしてよ！」……これでは子どもが気の毒です。親の都合をわかってもらいたいときには、どうしたらいい？


先日デパートで、こんな親子を見ました。

お母さんは自分の洋服を選んでいて、子どもはトイレに行きたがっているようです。

「お母さん、トイレ行きたい……」

「もう！　急にそんなこと言わないの。ちょっとぐらい、がまんできるでしょ」

おやおや。子どもは叱られてしまいました。もしトイレに間に合わなかったら、この子はもっと叱られてしまうのかなと思うと、なんだか気の毒です。

トイレは生理的欲求ですから「がまん」するのは論外ですが、それ以外のことだったら、確かにお母さんにだって都合があるでしょう。一日中、子どもの都合ばっかりではたいへんです。

ただし、本当はお母さんの都合なのに「がまんしなさい」と命令するのは、ちょっと考えもの……。

「お母さんの都合も聞いてくれるかな」

とお願いするのが筋ではないでしょうか。

たとえば、デパートでお昼に子どもの好きなものを食べて、ちょっとお母さんの買い物につきあってもらう。それからアニメの映画に行くとします。

「これからちょっと洋服見るのにつきあってもらっていい？」

と聞いて、退屈だけれどじっと待っていてくれたなら、

「がまんして待っていてくれて、ありがとう。時間になったから、映画に行こうか」

こう言えばいいのです。

他にも親の都合はいろいろとあります。

別の用事がある、疲れている、今日はお金の持ち合わせがない……。そんなとき、「がまんしなさい」ばかりでは、がまんの嫌いな子になります。むしろ都合をハッキリ言えば、子どもはわかるのです。

「あなたはガッカリかもしれないけど、おばちゃんと先に約束しちゃったんだよ」

「お母さん、なんだか頭が痛くなったから、悪いけど早く帰ることにするよ」

「残念だけど、今日はお金がないから買えないよ」

前にも述べましたが、アドラー心理学では、たとえ相手が子どもであっても対等で、互いに尊敬し信頼するという「ヨコの関係」だと考えます。

子どもの都合を聞いてあげることで、子どもは、自分の意思でお母さんに協力できるのです。

罰としてがまんさせないこと

「言うこと聞かないのが、悪いんだからね。がまんしなさい！」なんて言って、罰としてがまんさせても、あまりいいことはありません。こんな場面で必要なのは……？

家族で出かけようというときに、夕方はきっと寒くなるからコートを着たほうがいいよといったのに、子どもが嫌がりました。もめたあげくに、子どもはコートなしで出発。夕方になったら、案の定、寒そうにしています。

「あなたが言うこと聞かないから悪いんでしょ。がまんしなさい！」

だから言ったのに……と腹立たしい気持ちになるのはわかります。でも、ちょっと待ってください。

がまんは罰とは違うのです。

第一、子どもはそうやって叱られなくても、すでに自分の行動（コートを着なかった）の結果（寒い）を味わっているわけです。そのことを確認してあげるとよいでしょう。

「コートを着てこなかったから、やっぱり寒くなっちゃったね」

あるいは、こうやって聞いてもいいでしょう。

「寒そうだね、どうする？」

早く帰りたい、と言うのなら、その子の都合と他のみんなの都合を考え合わせて相談すればいいでしょう。子どもによっては、寒いから着るものを買ってとか、外を歩きたくないからタクシーで帰る、なんて言い出すかもしれません。お母さんがそうしたいならいいのですが、寒くなるたび新しい洋服を買っていたらたいへんです。

「悪いけど、そういうわけにはいかないよ。じゃあ、代わりにお母さんのマフラーを貸してあげようか」

そうしてと頼まれたら、貸してあげればいいでしょう。そして、この次にこういうことにならないためには、どうすればいいかな、と話し合っておきましょう。

「あのコート、幼稚園みたいなエリがついてて、かっこ悪いよ。新しいの買ってよ」

と言うのなら、

「そうか、そろそろ小さくなってるしねえ。じゃあ、お父さんのボーナスまで今のでがまんしてくれたら、新しいものを買ってあげられるかもしれないよ」

こんなふうに言えばいいわけです。

2章

「何でもほしがる子」が、みるみる変わりだす魔法

3歳から始める「10分間がまん」

早くオヤツを食べたいけど一〇分だけがまん。今日買いたいシールブックを明日までがまん。三歳からだって始められる工夫があります。

「お誕生日まで待って」

と言っても、何カ月も先までがまんするのは、たとえば幼稚園ぐらいの小さい子にとっては無理な話です。

スーパーのレジ脇などにシールを売っていて、重いカゴを抱えたお母さんに子どもがねだっている場面などをたまに目にしますが、こういうちょっとしたものをほしがったときに、がまんの練習を始めてみるのはどうでしょう。

「明日までがまんできるかな？　そうしたら、一枚なら買えるよ」

「シール、どれが気に入ったの？」

「そうだよねえ、ウサギもあったよね。……うん、キラキラのもきれいだったね」

「何に貼るの？」

そんなふうに会話ができれば、子どもは一晩わくわくしながら考えるでしょう。明日、お母さんと買い物に一緒に行くのが、とても楽しみになるはずです。


もう少しかんたんな「がまん」の覚え方もあります。

オヤツを早くほしがったとき、

「そうだなあ、あと一〇分待ってくれたら、お母さんも片づけが終わって、一緒に食べられるなあ。この時計の針がここに来るまでがまんしてくれるかなあ」

時間になったら、

「がまんできたね。一緒に食べようね」

ということになります。


夕食の用意を始めている横で、テレビを見ながらスナック菓子を開けて食べ始めようとした子どもがいるとします。

「あと二〇分でご飯になるよ。お母さん、おいしいのを作っているから、お菓子はがまんできるかな」

それでも「おなかすいちゃったんだもん」と言うなら、

「お母さん、せっかく一生懸命作ってるから、先にお菓子食べちゃうと残念だなあ」

と気持ちを言ってもいいし、

「じゃあ、そのお菓子を夕飯にする？　そうすると、明日の朝まで食べられないよ？」

と言って決めてもらうこともできます。もしお菓子ですませることにしたなら、あとから「やっぱり」と夕飯を出すのはナシです。おなかがすくのをちゃんと味わってもらいましょう。その代わり、ガミガミ叱る必要もありません。

近ごろでは、孤食の家庭が増えているようですが、お互いの都合をちょっとずつがまんして、楽しく一緒に食べられるといいですね。

日々の生活をきちんと規則的にすることは、自分が今したいことをすぐやる、という成り行き任せの暮らしでは身につきにくい、自己コントロール力が身につきます。

「時間がたつと、ほしくなくなる」のも大事な経験

「誕生日には顕微鏡を買って」と言っていたのに、「やっぱりいらなくなった」と言う。なんでこんなに、すぐ気が変わるの！　と不満なお父さん、お母さんへ。

この間はアレがほしいと言ったのに、今度はコレだと言うし、うちの子は次から次へと気が変わってきりがない……というお母さんがいます。

お金がなくてとても買ってあげられないのなら、

「悪いけど、うちはそんなにお金がないから買えないよ」

と言えばすむこと。

むしろ、買おうと思えば買えないことはないから、困ってしまうのでしょう。

何でもかんでも次々買い与えるのは考えものですが、一度ほしがったものは一年でもほしがっていなさい、といった一貫性を求めるのも、どうかなと思います。大人だって子どもだって、気が変わるのです。

来週になったら買ってあげると言っても、そのときになったら「もういらなくなっちゃった」ということはよくあります。

「もういらないの？　だったらなんで、あんなにギャーギャー騒いでたのよ」なんて責めることはありません。むしろ、こう言ってあげればいいのです。

「そうか、待っていた間に、自分でいろいろ考えたんだね。それで、いらないってわかったんだね。よかったね」

一度ほしいなと思っても、時間がたつといらなくなるものがある、という大事なことを子どもは発見できるわけです。

「これはもういいから、あっちを買って」と子どもが言い出した場合、同じぐらいの値段のものだったら、

「そうか、あっちがいいとわかったんだね」

と買ってあげればいいし、値段がぐっと上がっていたら、「ちょっと高いね。そうだなあ、来月だったら買ってあげられるかなあ。この隣にあるのだったら、今日でも大丈夫だけど、どうする?」

こうやって考えてもらうのも、いい経験です。

あるいは次のような言い方もいいかもしれません。

「流しを片づけるのを毎日手伝ってくれたら、来週ぐらいに買ってあげる気持ちになるかもしれないよ」

ダダをこねる子がおとなしくなるかんたんな方法

いくら「ダメ！」と言っても、「買って買って！」とダダをこねる子ども。なかなか言うことを聞いてくれない子を前にして、いったいどうしたらいいのでしょう？

たまにデパートのおもちゃ売り場などで「買ってー！」「ダメって言ったらダメなの！」といった騒ぎを目撃します。

この間も、座りこんだ子どもを一生懸命説得しているお母さんを見かけました。どうなるのかなと思ってさりげなく見ていると、三〇分近くも「買って」「今日はもう買いません」「でも」「買わないって言ったでしょ」と続いて、子どもは大声で泣き出すし、お母さんは最後に怒ってしまって、子どもをピシャリ……。

こんなときは、ともかくその場から連れ出してしまうほうがいいのです。

「ごめんね、今日は買わないよ」

と言って、あとはもう言うことはないのですから、ニッコリ笑って、抱きかかえてでもいいから外へ行ってしまえば大丈夫です。

目の前にオモチャがある状態で、いくら言っても子どもはわかりません。目の前においしいお団子が並んでいるのに「食べちゃダメ」と言われているのと同じなのです。欲求が刺激されますから、「がまん」は難しくなります。

問題の場所を離れることで、騒ぎはかなり落ち着くのです。

落ち着けば、お母さんの言葉が耳に入るようになります。

「来月まで待ってくれたら、買えるかもしれないよ」

と提案するなり、あるいはキッパリと買えないよと言うなり、そこで初めて話ができるのです。

いずれにしても、騒いだり泣いたりダダをこねた末に買ってもらった……という前例は残さないほうが今後のためです。

子どもがほしがる流行りモノの買い与え時

子どもの世界にも、流行があります。年齢が上がるにつれ、高いブランド品が次々と流行り、子どもはほしくてたまりません。親としては、どうしたらいいのでしょうか?


小学生にも、いろいろな流行があるようです。

キャラクターものの文具や服、男の子が集めるさまざまなカード……というぐらいだったら、まだ話はかんたんなのですが、高学年になってくると、大人とあまり変わらないような高価なブランド服などを競い合う子どもたちもいると聞きます。

なにしろ、一〇代向けのファッション雑誌などにはこういうブランドの情報が満載なのです。

それを毎月あこがれの目で見て「クラスのあの子も、この子も、〇〇の服、持ってるんだよ、買ってー！」と言い出す女の子たちが出てくるわけです。お財布をじっと見てため息をつくお母さん方は少なくないのではないでしょうか。

こうした流行のサイクルは、けっこう早いものです。あれもこれも買っていたら、財政破綻してしまいます。

かといって、その子がとてもほしがっているのだとしたら、「うちはうち。そんな高いもの、買いませんよ」というのも、ちょっと気の毒です。財政が許すなら、こういう方法はどうでしょうか。

「お誕生日に一枚だけ買ってあげてもいいよ。あと三カ月、どれがいいか考えてね。大切な一枚だから、よく考えて選ぶんだよ」

子育ては、オール・オア・ナッシングではありません。子どもに親の都合を全部押しつけるのもよくないし、逆に子どもの要求を全部受け入れるのもよくないのです。子どもの要求と親の都合、二つの折り合いのつけ方が大事。

とりあえず一枚は買ってあげる。他にもほしいものがあるけれど、それは次のチャンスまでがまんする。……こういうのも、折り合いのつけ方のひとつです。無期限で一〇〇パーセントのがまんでは、つらい「がまん」になってしまいます。その子の周囲をとりまく文化のなかで浮いてしまう場合もあります。

こんなふうにしたお母さんもいます。「あれがほしい、これがほしい。でもこういう靴も、こんなベルトもほしい」と毎月雑誌をお母さんに見せてアピールしてきた六年生の子と話し合って、お誕生日に渋谷のファッションビルに出かけていったのです。予算は二万円。ブランドものを選んでもいいし、流行をなぞった安い服だったら、たくさん買えます。

組み合わせは子どもの自由。お母さんは計算を手伝いながら、一緒にあちらの店からこちらの店へと半日見て回りました。

子どもはとても楽しかったようです。試着を繰り返してよくよく考えた末、ブランドものはTシャツ一枚、あとはスカートやジャケット、サンダル、ブレスレットなど、手ごろなものをあれこれそろえて大満足だったとか。

じっくり計画して買い物する、予算内で自分のほしいものをそろえる……という練習にもなりますね。

きょうだいゲンカはこうしておさめる

「弟だけが買ってもらってずるい！」「お姉ちゃんと同じものがほしい！」……毎度おなじみのきょうだいの争い、どうやっておさめたらいいのでしょうか？

きょうだい間で、「お兄ちゃんだけ買ってもらってずるい！」「いつも妹ばっかり買ってもらっている！」といった争いは、よくあることです。

でも、この争いを「がまんしなさい」と叱っておさめようとするのは、話がちょっと違います。

「がまん」というのは意識して自分で考えてすること。しかし、きょうだい間での「ずるい！」という争いは、無意識に親の愛情をとりっこしているからです。

きょうだいゲンカも同じこと。「ケンカはいけません」なんて言っても、無意識にそうなってしまうのですから、やめるのは無理な話なのです。

さてここで「今は弟の番だけど、次はお姉ちゃんに買ってあげるから、それまでがまんしなさい」なんていうのはあまり意味がありません。

同じぐらいのものを順番で買う、なんて**公平さにこだわる必要はないのです**。そうやったからといって、無意識のとりっこが解決するわけではありません。

きょうだいは、年齢や性別や個性などそれぞれ違うのですから、一人一人のいいところ、一人一人が必要としていること、一人一人が望んでいることを、それぞれしっかり認めてあげればいいのです。

「お姉ちゃんはすぐにピアノが上達したけど、あなたはなかなか進まないわね。お姉ちゃんみたいにもっとがんばればいいのに」とか「弟はあんなに熱心に勉強するのに、おまえはのんびりだね。それじゃ追い越されるよ」なんて、比較するような言い方がくせになっていないでしょうか？

「夏休みの宿題、がんばれたね」

「お皿片づけてくれて、助かったよ」

「妹に大事なおもちゃ、貸してあげたんだね」

　こうやって、比較ではなくその子のいいところに注目して、認めてあげるのです。

そして、「ずるい！」の争いには口出ししないこと。


　二人でもめていたら、ずるいと言っている側でなくむしろ買ってもらったほうにこう言うのもいいでしょう。

「○○に買ってあげたかったから、買ってあげたんだよ。お兄ちゃんに買ってあげて、○○に買ってあげないこともあるよ」


　実を言えば、わが家の子どもたちが小さかったころ、私はどちらかというと娘のほうをかわいがり、妻は息子のほうをかわいがっていたように思います。それがいいとは言いませんが、親だって人間ですから心情というものがあるのです。

　それをいけないことだと思って**「完全に平等にかわいいと思わなければ」**と無理す

ることはありません。

口に出して「この子のほうがかわいい」と言ったり、あえて扱いを「差別」することさえなければ、別にいいのです。たいていの家庭では、両親や祖父母も合わせて、結果的に帳尻が合っていることが多いものです。

ところで、目のなかに入れても痛くないほど「かわいい」と思って育てた娘は、ある時期から母親ともっぱら気が合うようになり、息子はむしろ、私とあれこれ話をするようになりました。

このように、世の中そうそう想像していた通りにはならないものです。特に子どもは、決して親の思い通りになんてならないものなのです。

携帯電話、いつごろ買えばいい？

「ケータイ（スマホ）買って！」という要求に加えて、「新しい機種に替えたい！」という子どもの要望に悩む親も増えているようです。ちょうどいい「がまん」のラインはどこに？

携帯電話を使いこなす子どもが増えています。電話としての機能だけでなく、メールやラインのやりとりしたり、カメラ、着メロ、さまざまなサイトへアクセスするなど、あっという間に生活に密着したものになりました。

子どもたちが一日にどれぐらいこうした作業に時間を使っているか、という調査を新聞で見て、びっくりしたものです。

連絡用にと、早くから持たせるお母さんもいらっしゃるでしょうし、小学生になったあたりから「買って！」「まだがまんしなさい」という会話を辛抱強く続けているお母さんもいるでしょう。近ごろでは「新しい機種に替えたい！」という訴えも、お母さんを悩ませているようです。

「ケータイなんて、一年で買い替えるのが常識だよ！」

と小学生の子どもに迫られた、なんていう話も聞きました。

ここまで普及すると、各社とも新しい機能の売り込みに必死なのでしょう。次々と、子どもにとって魅力的なものが出現するようです。

私などの世代になると、電話さえできればいいのにと思ってしまいますが、流行をキャッチして順応するのが早い子どもにしてみれば、「あの子がこんな新しいのに替えたから、私もほしい」「あの子と同じ会社のケータイに替えれば、一緒にこんなことができるのに！」ということになるようです。

うちは買いません、というお母さんもいるようですが、全面的に「ダメ」としてしまうと、子ども文化のなかで孤立してしまうことになります。子ども自身の希望と、子どもの年齢や状況を考えて、ある程度の時期に買い与えるのがいいかもしれません。

むしろ**大切なのは、「使い方についてきちんと話し合う」ことです。**

まずは料金について。どんなことに、どれぐらいお金がかかるのか。親がお金を出す場合、いくらぐらいまでにおさめてほしいのか。

マナーについても話し合いが必要です。どんなところで使うと迷惑なのか。公共の場では、どんなルールがあるのか。家のなかではどんなふうに使う約束にするのか。たとえば、食卓にはケータイを持ちこまない、家族と話している最中にメールの返信をしない、などの決まりごとを話し合うこともできるでしょう。

さまざまな迷惑メールやチェーンメールについて、有害な情報が含まれるサイトについて、自分の個人情報をどうやって守るかといった、危険の防止については、親の手助けがいるでしょう。

こうした話し合いを、買う前、そして使い始めてからのさまざまな機会に、やっておくことが必要だと思います。これは、子どもが「ソーシャル・スキル」（この社会を生きていくために必要な技術）を身につける後押しにもなります。

家族内でのルールができてさえいれば、買い替えについてもその基準に照らして話し合うことができるのです。

子どもの価値観を育てる「家族ルール」とは

「みんなが中流」という時代が終わり「二極化」が話題になっています。子どもがこれからの時代を充実して生きていくために、今こそ「がまん」の力がカギとなるのです。

今の親御さんの中には「一億総中流」と言われた時代に育った人も多いでしょう。どういう時代かというと、「お隣が課長なんだからうちもそろそろ」「やっぱり車はこれぐらいの車種でないと」「PTAの集まりに誰ちゃんのお母さんはブランドもののバッグを持っていたから、私だってほしいわ」「将来の就職を考えたら、高校はこのぐらいのところ、大学もこのぐらいのレベルでないと」というような価値観が基本だったのです。

会社に入って、何歳ぐらいまでにはだいたい結婚して、夫は順調に出世して、収入もそれなりに増えていき、いつごろまでには家を買って……最後に退職金はこのぐらい、という予測がつく時代です。

つまり「人並み」であることが多くの人にとって大切だったのです。

ところがそれが変わってきました。

「二極化」という言葉を聞いたことがあるでしょうか。

今まで日本人の大多数を占めていた中流（ミドルクラス）ですが、その大部分が「中の下」以下に落ちるなどと言われています。一部のリッチな層と、それ以外の層とに、分かれていくのです。

勝ち組、負け組……などと言われると、負け組の人はなんでもかんでも這い上がらなければ、という気持ちになるかもしれませんが、まったく違う考え方もできます。「何でもかんでも人並み」が成り立たなくなるからこそ、それぞれの生き方を考えていくことができるのです。

家族内で、「うちでは何を大切にするのか」という価値観を作っていったらどうでしょうか。

たとえば、着るものにはぜいたくをしないが、食材は旬のおいしいものにこだわる。海外旅行なんてぜいたくはしないけれど、休みには家族でキャンプをして楽しむ。家事のための電化製品はなるべく長く大切に使うが、ＣＤやＤＶＤや書籍など文化的な支出はおしまない。

日常はなるべく節約して、海外でバレエを習う夢を持っているお姉ちゃん、アフリカで動物の研究を夢見る弟、いずれ釣りのできる別荘を持ちたいというお父さん、絵本を自費出版したいというお母さん、それぞれの「夢基金」を積み立てる。

……こんなふうに、**何を実現するためどうがまんするのか、家族のなかでも考えていくとよいと思うのです。**

そのなかで育った子どもは、これからの不安定な時代を、自分なりの価値観で切り拓いて生きていく力を得られるのではないでしょうか。

3章

叱りゼロで〝自分から〟がまんを覚える、日常生活のヒント

「じっとしていられない子」を叱るのは逆効果

電車やコンサート会場でじっとしていられない子ども。それを叱るお母さん。でもさらに子どもはうるさくなり……こんなとき、上手に「がまん」してもらう方法があります。

あるお母さんの友人がオーケストラに所属していて、「家族のためのコンサート」に招待してくれたそうです。

五歳の子どもを連れていきました。音楽が好きな子どもだったので、ハープ演奏やそれぞれの楽器の説明など、最初のうちは楽しんで聴いていたのですが、どうやら途中で退屈したらしく、騒ぎ始めました。

いくら周囲に子ども連れが多いとは言っても、この騒ぎは迷惑。お母さんは気が気ではありません。

「シッ！　どうして静かにできないの！」

「ちょっと！　少しはがまんできないの？」

「立つんじゃないの！　座ってなさい！」

「言うこと聞けないの！　もういい加減にしなさいっ！」

困りましたね。こうなってしまうと、お母さんの怒っている声のほうが、よほど周囲に迷惑かもしれません……。


こんなとき、怒り出さずにすむ方法があるのです。

「迷惑になるから、出るよ」

きりのいいところでひと言だけ言ってロビーに出て、そこで話をします。

「聴きたい人があそこに座っているんだよ。いい音楽だなあと思っているときに、別の騒がしい音がしてきたら、どうかな？　○○ちゃんだったら、一生けんめい聴いているとき、隣で違う音がしていたら、どんな気持ちになるかなあ？」

子どもがわかったら、もっと聴きたいか、もう退屈で帰りたいのか、お母さんの都合も合わせて話し合うのです。

「第二部には打楽器の音比べもあって、おもしろいと思うよ」

なんていう情報をあげるのもいいでしょう。

しばらく一緒に館内を「探検」し、気がすんだら次の休み時間のあとで席に戻ってもいいでしょう。ジュースでも飲んでソファで本でも読んで、そのあとお母さんが楽しみにしている第三部だけ見ることにしたっていいでしょう。

あるいは、「休み時間に楽屋に行ってもいい？」と友人とあらかじめ約束しておいて、楽屋に遊びに行くなど、ちょっとしたイベントがあれば、子どもの興味も違ってくるかもしれません。

ただ「がまんしなさい」「言うことを聞きなさい」と口で言うのではなく、いったん外に出ることでその行動は迷惑だということを具体的に教えるといいのです。

そして、子どもの気持ちや都合を聞いたり、親の都合や希望を伝えたりして、話し合う。あるいは、子どもが周囲に迷惑をかけずに楽しめるような方法を工夫すればいいのです。

「オヤツばかり食べて困る」ときのちょっとした工夫

「今日はこれだけ」と言ったのに、がまんすることができず、オヤツを食べすぎてしまう子ども。叱らずにほどほどの量を守ってもらうには、どんな方法があるでしょう？


「あればあるだけ食べてしまう」という子どもがいます。

戸棚にしまっておいたスナック菓子を、あれもこれも全部食べてしまう。

冷蔵庫にケーキを買っておいたら、他の人の分まで食べてしまう。

冷凍庫に入れておいたセットのアイスを、一度に三つも食べておなかをこわす。

「またこんなに食べて！　どうしてがまんできないの！」

「少しにしておきなさいって、言ったでしょ！」

そんなふうに毎日叱るぐらいなら、叱らなくてすむように、ちょっと工夫してみたらいいと思います。

もしもパートなどで家をあけるなら、あらかじめ「今日のオヤツはこれだよ、いい？」と確かめて、約束をしておく。

安いからといってスーパーでまとめ買いしたりせず、食べていい分だけおいておく。もっといいのは、ちょっと健康的なオヤツを考えることです。お母さんがいわゆるジャンクフード好みだと、家にいつもおいてあるために子どももついついジャンクフードばかり食べるようになります。たまにはひと手間かけませんか。

果物を切ってヨーグルトをかける。薄いパンケーキを焼いてベーコンや野菜などをケチャップと一緒にはさむ。ミニお好み焼きを焼く。

仕事をしているお母さんでもちょっとひと手間かけることを考えてみましょう。

子どもが食べすぎてしまうので困ったあるお母さんは、クレープにチーズやソーセージなどを巻いてラップでくるみ、冷蔵庫に入れておいたそうです。「おいしい」と子どもは大喜び。あれこれ出して食べずにがまんできたそうです。

それからは週末にまとめてオヤツを作って、一回分ずつ小分けして冷凍し、朝、その日の分を冷蔵庫に入れて子どもが帰宅したころには解凍されている、というやり方をとったとか。

ここまで手をかけるかどうかはともかく、ちょっと考えてほしいことがあります。**子どもは、「食べることだけで気を紛らわす」時間を過ごしていないでしょうか。**親子で、あるいはきょうだいで、または他の友だちと、そして一人でも、もっと楽しく過ごせる工夫はないでしょうか。


「何をしていると楽しい？」

「何が好き？」

「今日はどんなことが楽しかった？」

「お母さんにお願いしたいこと、ある？」

「どんなことができたら、うれしいと思う？」


チャンスを見て、ときどきこんな問いかけをしてみたらどうでしょう。それをきっかけに、**親子で「楽しいもの探し」「やりたいこと探し」の会話をしてみましょう。**

こうすれば「言うことを聞かせる」必要はなくなる

叱っても聞かない、ああ言えばこう言う、やめなさいと言ってもなかなかやめない……こんな悩みを持つお父さん、お母さんへ。子どもが「自分でがまんする力」を身につける方法とは?

「うちの子は言うことを聞かないんです」

こう言ってため息をつくお母さんは、けっこういらっしゃいます。

実はお母さんの悩みのほとんどを占めるのが、「子どもが自分の思い通りに言うことを聞いてくれない」ことなのです。

でも、考えてみてください。たとえ親子であっても、子どもとは別の人間。「思い通り言うことを聞く」なんてあり得ません。

「言うことを聞かせる」ために一生懸命になったら、お母さんはへとへとに疲れてしまいます。もしもそれに成功したとしたら、子どもはロボットみたいになって、お母さんが言わないと動けない、なんてことになりかねません。

「静かにしなさい！」

そうやってピシャリと叱ったとたんに静かになる子どもより、

「うるさくすると迷惑だよね？」

という言葉で「あ、ここでは騒ぐと迷惑だな。静かにしよう」と自分で気づくほうがいいと思いませんか。そうすれば、やがて「ここでは騒いでも大丈夫かな、それとも迷惑かな」と判断して、騒ぎたくてもがまんができるようになっていくのです。

そのためには、「こうしなさい」「ああしなさい」と次々命令する代わりに、「ここはこういう場所だよ」と伝えたり、「あの子の身になったらどうかなあ？」「あなただったら、どんなふうにしたらいいと思う？」と考えさせることが大事なのです。

子どもの考えが違うと感じたら、

「お母さんはこう思うけどな？」と言って話し合えばいいのです。

がまんしなさいと命令されて従うのでなく、自分で考えてがまんができること。それが子どもの力になります。

決めたことが続かないのには、ワケがある

「どうしてちゃんとできないの？」「決めたことが何で続かないの？」……そうやって叱る毎日に、親も子どももヘトヘトになっていませんか？


あるお母さんが子どもに言いました。

「今はおこづかいが七〇〇円だけど、おこづかい帳を一カ月つけられたら、おこづかい一〇〇〇円にしてあげるからね。約束よ。できるわね？」

そしておこづかい帳を買ってあげたのです。こうやってつけるんだよ、とお母さんは子どもに教えました。さて翌日。

「おこづかい、何かに使った？」

子どもは、うん、と答えます。でも、おこづかい帳をつけたのかと聞くと、まだ。

コンビニでお菓子をいくつか買ったけど、いくらだか忘れちゃった、という返事です。

「ダメでしょ！　なんでレシートをとっておかないの？」と叱りながら、残りのお金から計算して、お菓子代をつけさせました。翌日、子どもは文房具店でシールを買ってちゃんとレシートをもらいましたが、帳面を見たら、計算が二十円合わないのです。

「おかしいじゃないの！　落としたか何かしたんじゃないの？」と叱られて、子どもは首をひねっています。ともかく合わなかった分も記帳して、残金を合わせました。

さてその翌日。ガチャガチャの機械でお金を使った子どもは、レシートがないのでいくらだったか覚えていないのです。

「覚えていられるようにしなさい！　忘れちゃうのなら、使うたびにメモするの！」

……お母さんも子どもも、さぞへとへとになったことでしょう。例によって一週間たたないうちに一カ月分のおこづかいは全部なくなりました。

「またこんなに早く使っちゃうんだから！　もっと考えて使いなさい！　おこづかい帳だってまともにつけられないし、約束守れなかったから、来月も七〇〇円だからね！

来月こそはがんばって、ちゃんと自分でおこづかい帳つけるのよ！」

確かに、このお母さんの考え方は、正しいのです。

おこづかい帳をつける習慣ができれば、金銭管理が身につくでしょう。レシートを保管したり、メモしたり、使ったお金を覚えていて、きちんと残金が合うようになれば、それはすばらしいことです。おこづかいをすぐに使い切らずに、使い道を考えて節約できるようになれば、言うことはありません。

ただし、子どもはどうでしょうか？

毎日叱られて、「がんばっておこづかい帳をつけよう！」という気になるでしょうか。

おこづかい帳ってつらいなあ、とうんざりするに違いありません。

そもそも、「約束を守れなかったから」と言っていますが、約束も何も、最初から全部お母さんが決めているのです。こういうのは命令であって、約束とは呼びません。

おおげさな例と思ったかもしれませんが、意外とこういうことは多いもの。

一生懸命なお母さんほど、よかれと思っていろいろなことを子どもにやらせようとし、毎日のように叱る結果になって、疲れてしまったりするのです。

ではどうしたら？　……解決編は、次の項目にゆずりましょう。

「自分で続ける力」が育つ親の習慣

三日坊主だっていいのです。できた部分に注目したほうが、子どもは伸びます。親が乗り出しすぎないほうが、「自分で続けられる子ども」になるのです。

おこづかい帳をめぐるトラブル、こんなふうに始まっていたら、違っていたでしょう。

おこづかいが毎月足りなくなって「もっとちょうだい」と言ってきた子どもに、「七〇〇円と決めてあるんだから、足りなくなっても途中であげるわけにはいかないなあ。どうすればいいかなあ」

とお母さん。貸して、ということになるかもしれないし、「七〇〇円じゃ足りないから、一〇〇〇円にして」と交渉してくるかもしれません。そこで、話し合いです。

「じゃあ、おこづかい帳を一カ月つけられたら、一〇〇〇円にするというのはどう？　おこづかい帳をつけるのは難しいかもしれないから、お母さんに言えば助けてあげるよ」

これだったら、子どもはがんばるかもしれません。

あるいは、こういう提案もできるでしょう。

「おこづかい帳をつけると、こんないいことがあるんだよ。どう？　ちょっとやってみる？」

やってみる気にならなければ、次の機会を待ちます。お母さんが家計簿を楽しそうにつけていたら（楽しければ、ですが）、子どももまねしてみたくなるかもしれません。

シールが好きな子どもなら、おこづかい帳をつけられた日はシールを一枚、という方法もあるでしょう。これだったら、多少つまらなくてもがまんしてつける励みになります。

一番大事なのは、「つけさせなくては」とお母さんが子ども以上に乗り出してがんばらないことです。つけるか、つけないかは、子どもが決めることなのですから。

「つけたよ！」と子どもが持ってきたら、「つけられたね！」と一緒に喜べばいいし、三日つけてあとは忘れていたとしても、どうして忘れるのと叱らずに、

「三日続けてつけられたね！」

「今度はもっとつけられるといいね！」

計算が合わなくて子どもが困っていたら、これだからダメと叱らずに、

「この次は、どうしたら合うかなあ？」

と一緒に考えてあげればいいのです。


何事も同じように考えると、お母さんも子どももラクになるはずです。

「水泳を始めたからには一級ぐらいとらなければ」

「日記をつけるんなら、三日坊主にしないでちゃんと続けなければ」

「少年野球チームに入ったからには、がんばってレギュラーに」

なんて**決めてかからずに、子どもが決めたこと、子どもが楽しめることを、うしろから少し応援してあげるぐらいが、ちょうどいいのです。**

子どもが必ず守るようになる約束の仕方

決めた時間に帰ってこない子どもを、毎日「約束を守りなさい！」と叱るハメになっていませんか？　でもちょっとした「約束」の仕方で、子どもは守るようになるのです。

これも約束をめぐる話です。

息子が小学校に入ったばかりのお母さん。

家に帰ってくると、毎日のようにお友だちが次々と誘いに来て、わが子は人気者だなあとうれしかったそうです。ところが問題は、遊びに行ったあと。

「約束した時間にちっとも帰ってこない」ので、毎日つい、ガミガミと叱ることに……。

このお母さんに聞いてみると、「五時までに帰ってきなさいよといつも約束しているのに」とのこと……。

でも、ちょっと待ってください。これは、本当に約束と言えるのでしょうか？

実際、とてもよくある話なのです。

「毎日ちゃんと勉強しなさいよ。約束だからね、わかった？」

「ゲームは二時間まで！　約束よ！」

実は、これは、約束とは言えません。約束というのは、お互いに話し合って、「じゃあ、こうしよう」と合意して、初めて成立するものだからです。

帰宅時間を約束するなら、こんなふうにしてみたらどうでしょう。

「小学校に入って、少しお兄ちゃんになったよね。だからお母さん、○○（子どもの名前）と約束をしたいな。帰る時間なんだけど、何時に帰ることにする？」

時間がぴんと来なければ、お母さんからヒントをあげればいいのです。

「真っ暗になるのは、何時ごろかなあ」

「暗くなってくると、お母さん、心配になるなあ」

おなかがすく時間のことを話してもいいし、テレビの時間を考えてもいいし、宿題のことを考えてみてもいいし、季節によっても条件は違ってくるかもしれません。

子どもが六時までに帰る、と言って、ちょっと遅すぎると感じたなら、

「お母さんとしてはこういうわけだから、もうちょっと早くできないかなあ?」

と言って、話し合えばいいのです。

子どもも納得する結論が無事に出たら、約束をしましょう。約束というのはこういうことなんだよ、約束を守ることはこういうわけで大事なんだよ、と教えてあげるといいでしょう。その代わり、お母さんも子どもと約束したら、守ってください。

約束を守るために、工夫が必要かもしれません。

夢中になっていれば時間など忘れてしまいますから、腕時計を貸してあげるのもいいでしょう。腕時計のアラームを約束の時間に設定しておくという手もあります。

五時になると音楽などを放送するところも多いようです。

「あの音楽が鳴ったら、帰るのはどう?」

と約束するのもいいでしょう。

最初からうまくいくとは限りません。少し遅れても、子どもなりに一生懸命急いで帰ってきたのなら、約束を破ったと叱らなくていいのです。

「明日はどうしたら、約束に近づけるかな？」

「昨日よりちょっと、早く帰れたね。もうすぐで約束守れるようになるね」

と励ましてあげましょう。

約束を守る気がないのかな？　守るのは無理なのかな？　というときは、この約束をどうしたらいいか、改めて話し合えばいいのです。

「言い訳」ではなく「言い分」を聞く

「ボクのせいじゃないよ」と、言い訳を並べ立てる子。「まったく、言い訳ばっかりうまくなって！」とお母さん。こんな日常の問題を解決する効果的な方法とは？

「うちの子は、あれこれ言い訳ばっかりして！」

と嘆くお母さんがいます。

かけっこで一番になれなかったのは、組を決める予選のときにわざとゆっくり走った誰々ちゃんがいるから。

テストの点数が悪かったのは、隣の誰々が咳ばっかりしてうるさかったから。

弟とケンカになったのは、お父さんが弟をひいきするようなことを言ったから。

帰ってくる時間が遅れたのは、いつも鳴るチャイムと一緒に救急車が通って聞こえにくかったから。

……おやおや。子どもによっては、なんともユニークな言い訳まで動員するものです。

言い訳というのはたいていの場合、「自分の責任じゃないよ。他の誰かが、あるいは他の何かが悪かったせいなんだ」という主張です。だからつい、聞いているほうはイライラしてしまうのです。

けれども、子どもが話を始めようとしたそばから「ダメよ、言い訳は！」とやってしまうと、子どもにとっては「だってお母さんが聞いてくれないんだもん……」という新たな言い訳を身につけることになってしまうのです。

もしかすると、言い訳を連発する子どもというのは、常にお母さんからの「責任追及」にさらされているのかもしれません。

何か失敗するたび、「どうしてこうなの！」「なんでまた、こんなことしたの！」「今度はちゃんとするって言ったじゃないの！」と責めたてられていれば、自分の立場を守るために言い訳もしたくなります。

「言い訳はダメ！」と言わずに、まずは「言い分」を聞いてあげましょう。

どんな人にも、知ってもらいたい事情、つまり言い分というのはあるものです。最初からそれを封じこめるのはあまりよくありません。

「言い分があるなら聞くよ。ただし三分ね」

こんなふうにして、まずは聞いてあげる。あまりに屁理屈だと思ったら、「そんなわけないでしょ！」と叱らずに、穏やかな声で確かめてみましょう。

「本当にそう思う？」

子どもは自分なりに考えるでしょう。

そして大事なことは、「誰のせいか、何のせいか」を追及することではなく、「次に同じことにならないためには、どうしたらいいかな？」と考えることなのです。

冒頭のかけっこのような話題だったら、相手があることですから、

「一番じゃなくて、残念だったんだね？　次は一番になれるといいね」

ぐらいで終わりにしたっていいし、あるいはお父さんと一緒に練習する、という話になるかもしれません。

テストの点数だったら、

「この点数でくやしかったの？　今度はどのぐらいとりたいの？　じゃあ、どうすればいいかなあ？」

と投げかけて、一緒に考えてみればいいでしょう。

子どもが学校に行きたくないと言いだしたら?

朝なかなか起きられなかったりして、なんとなく「学校に行きたくない」子ども。「行きなさい!」と必死で追い立てなくても、こんな方法があるのです。

ぐずって学校に行かない子どもがいます。

あるお母さんは、朝からパートに出なければならないので、その道すがら、毎日学校まで送っていくことにしたそうです。ところが、いつも同じ場所で、道の真んなかで、子どもが「行きたくない」と立ち止まってしまう。

そこで毎日のように「行かない」「行きなさい」の争いが始まるのです。

もともと朝からなんだかんだで学校は遅刻だし、道で争っているうちにどんどん時間は過ぎていく。お母さんのパートの時間も迫ってくる。目を三角にして言い聞かせた末に無理やり手を引っぱるようにして学校まで連れていくことに。

登校してしまうと、それなりに楽しくやっているようなのに、朝になるとまた、同じ騒ぎが始まります。起こすまでに何度も叱り、朝食の間も叱り、早くしたくをしなさいと叱り、そして恒例、道の真んなかで言い争い……。

やがてお母さんが負けて、そのまま家に引き返し、パートは休み、ということになりました。おそらくお母さん自身も、疲れてしまったのでしょう。ほとんど口もきかないまま一日中、子どもと家にいたそうです。

「どうしたらいいのでしょう?」とお母さんから相談がきました。

そもそも、学校に行くかどうかは、子どもが決めることです。

「行ってほしいなあ」と気持ちを言うのはいいし、「行かないとこういうふうに困るかもしれないよ」と**情報をあげることは必要です。けれど、行くのか休むのかは、子どもの問題であって、お母さんの問題ではありません。**

ただし、子どもが休む場合に、お母さん自身がどう行動するのかは、お母さんが決めることです。

猛烈に機嫌を悪くした状態で一日中、家に子どもといることもできるけれど、「きちんとお留守番できるかな」と話した上でパートに出ることだってできます。あるいは二人で別の過ごし方をすることだってできるでしょう。

休んでいる子どもをおいてパートには行きたくない、というお母さんに私が提案したのは、それなら一日、子どもにお手伝いをお願いしたらどうですか、ということでした。

「学校を休むんだね。わかった。それじゃあ、お母さんもパートを休むことにする。せっかくだから一緒に庭の草取りをしよう」

こんなふうに言って、数日の間、汗まみれになって二人で草取り、そして台所や浴室のタイルみがきなど、徹底的にやったそうです。きれいになって、さぞ気持ちよかったことでしょう。

さてその子ですが、その数日のあと、一人で学校へ行き始めました。ぐずっていた一カ月がウソのように、毎日楽しく通っています。

こんなにお手伝いをさせられるより学校のほうがいいや、と思ったのかもしれません。

あるいは、お母さんと一緒に力を合わせて家をきれいにし、「きれいになったねえ」とお互いに喜ぶことで、一人で学校へ行く力が戻ってきたのかもしれません。**家のなかで安心していられると、子どもは外へ出られるものなのです。**

何よりも、朝になるとお母さんが鬼のようになって「学校へ行きなさい!」と叱らなくなったのが、子どもにとっては一番助かったのではないでしょうか。

「どうしたの」「何があったの」と親は問いつめないこと

「仮病を使っているの?」「学校でいじめられているの?」……学校に「行く」「行かない」が問題になったときの対応のポイントとは?

「学校に行きなさい!」とこわい顔をするのは考えものですが、逆のこともよく起こるようです。

学校に行けと子どもを散々叱ったあとで、「だったら、もういいわよ! いつまでもそんなことぐずぐず言うなら、休みなさい!」と、お母さんが休むことを決めてしまうのです。

子どもが「頭がいたい」「おなかがいたい」と言い出して、おやこれは仮病ではないかなあと疑いながらも、「風邪をひきましたので、今日は休ませます」と学校に電話するお母さんもいます。

でも、「休みなさい」とか「休ませる」とかは、お母さんが決めることではないのです。なんだかあやしげな理由で学校を休みたがっているのなら、「自分で話してね」と子どもに言ってから、学校に電話をすればいいでしょう。

「先生、うちの子が学校を休みたいようなんですが、本人から説明させますので、今、本人と代わります」

お母さんが仮病の片棒をかつぐ必要はないのです。その子自身が、先生と話しているうちに本当のことを言うかもしれないし、あるいは「仮病を使っちゃった」という決まりの悪さを自分で引き受けることにもなるでしょう。タイミングを見て、

「さっきどんな感じだった？　ホントじゃないことを言うと、このへんがモヤモヤっとしてイヤな感じがしてこない？」

と声をかけてあげれば、子どもは自分で考えるはずです。

ところで……。

いじめられているとか、クラスのなかに居場所がないなどの理由で、学校に行きた

くない場合もあります。そんなとき子どもは、何かのサインを出しているはずです。**どうしたの、何があったの……とあれこれ聞き出そうとするより、**「何か困ってることがあるのかなあ。お母さん、心配だなあ。話してくれたらうれしいんだけどな」「もし学校で気になってることとか、イヤなことがあるんだったら、話してくれたらお母さん、何か助けになれると思うなあ」

というふうに、**さりげなく声をかけたほうがいいのです。**問い詰められると、よけいに言い出しにくくなるもの。お母さんが心配している気持ち、助けになりたいと思っている気持ちを伝えれば、子どもは「相談してみようかな」と考えるはずです。

話し始めたら、途中でさえぎったりせずにじっと聞くこと。

何があったのか、誰の責任なのか、といったことばかりくわしくつつこうとせずに、子どもがどんな気持ちでいるのか、何を望んでいるのか、親はどんな手助けができるか……ということに集中するといいのです。

そして一緒に、解決法を考えましょう。

トラブルが起きたとき、子どもの「考える力」を奪わないで

子どもが万引きをした、学校のものを壊してしまった、友だちのモノを黙って持ってきてしまった……こんな問題が起きたときこそ、子どもの力を伸ばす対応があります。


わが家のエピソードです。

息子が高校生のときのことですが、何かの参考になればと。

友人のバイクを無免許で運転して、警察のごやっかいになったのです。

「迎えに来てください」と少年課から電話がかかって、妻は今にも飛び出していきそうな勢いでしたが、私は電話を代わって、警察の方に言ったのです。

「父親です。まず息子に、親の助けがほしいかどうか、意向を聞いてもらえませんか。

迎えに来てほしい、ということだったら、父親の私が行きますが」

さぞ変な親だと思われたでしょう。とにかく担当の人は息子に確かめて、答えてくれました。

「お父さんに来てほしいそうです」

迎えに行きましたが、別にそこでガミガミ叱る必要もありません。本人はとっくに「まずいことになってしまった」と感じているからです。

帰りの電車で声をかけました。

「大変なことになっちゃったな。おまえさん、この責任はどうとる？」

息子はしばらく考えたあと答えました。

「学校を停学にする」

学校に電話して事情を話し、停学にしますと説明したようですが、学校側にしてみれば自分から決めた停学なんて聞いたことがありません。電話がこちらに回ってきました。

正直に話してくれたし反省しているようだから、もうそれでいい、という先生に、私は言いました。

「息子は停学という形で責任をとる、と決めたようですし、私もそれを了解しています。親としても、そのように先生にもご理解をお願いできればと思います」

息子は三日間の停学をやりました。

そのあとで、息子に聞きました。

「さて、どうする？　また無免許にならないように、バイクの免許をとりたいかい？　金が足りないようだったら、貸しておくよ」

「もうバイクには乗らない」と答えた息子は、その後に自分のお金で車の免許をとって運転しています。

高校生だから……と思うかもしれませんが、小学生だって同じこと。

グループでおもしろがって万引きをした、なんていうことが発覚すると、血相を変えて親のほうが「すみませんでした！」と店の人にあやまったりします。そして、うつむいたままの子どもの手を引いて連れて帰る……なんていうことが起こりがちです。

でも、万引きしたのは親ではなく、子どもです。

「どうしたらいいと思う?」

と、**まず子ども自身に考えさせ、行動してもらう。**親が「お世話をおかけしました」と頭を下げるのもいいでしょうが、あくまで子どもの行動が先です。


黙ってとってきてしまったのがわかった場合も、お店に返しにいく、あやまる、口頭だけでなくごめんなさいの手紙を書く、など、いろいろあるでしょう。親に一緒に来てほしいなら、ついていって見守ってあげればいいのです。

「お母さん、横にいてあげるけど、話すのはあなただよ」

という具合です。

子どもなりの方法で責任をとったあとで、次のように言葉をかけてみましょう。

「もしも次に、また誰かが万引きしようと言い出したら、どうしたらいいかな?」

「もしも、すごくほしいものがあって、お金を持っていなかったら、どうしたらいいかな?」

状況に応じて、次にはどうしたらいいかを考えてもらえばいいのです。

失敗を成長のチャンスに変える対応術

子どもが失敗したときこそ、むしろチャンスなのです。「私の育て方のせい?」と自分を責める必要はありません。同じ失敗を繰り返さないよう、親ができることとは?

ここでもう一度、まとめておきましょう。

子どもの問題をめぐっては、「親の責任」と「親の役割」をきちんと分けて考えることが必要だと思います。

特にお母さんは、子どもが何かまずいことをやると、「私の育て方のせいで」と思いこんでしまう傾向があります。

その結果、子どもがやったことの責任をお母さんが一生けんめいとろうとしてしまう場合が多いのです。子どもは責任のとり方を身につけることができず、失敗から学ぶチャンスも逃してしまいます。

子どもが起こした問題は、親の育て方のせいではありません。やったのは、子どもなのですから。

だからといって「子どもがやったことだから、私は知りません」では困ります。まずいことをやったときこそ、子どもは親の助けを必要としているのです。

ガミガミ叱るのではなく、助けが必要かどうかを子どもに聞きましょう。

「必要だ」ということになったら、それは親子の共通の課題になります。

子どもがやったことはあくまで子どもの責任だし、どうするかを決めるのも子どもですが、上手に解決できるように手助けするのは、親の役割です。

どのようにしてこの責任をとるのか。

次からはどうしたらいいのか。

……二つのことを、子どもと一緒に考えましょう。

こうやって、やがて社会のなかで自立して生きていくための力を伸ばしてあげること、それこそが、「親の役割」なのです。

4章

こんな言葉がけで、気持ちをコントロールできる子になる

騒ぎたい・暴れたい気持ちを抑えられる子に変わるヒント

ボールを投げたい、退屈だから騒ぎたい……今すぐしたいと思っても「がまん」が必要な場面があります。そんな集団生活に欠かせない知恵を、子どもが身につけるには？

ある幼稚園に呼ばれていきました。園長先生が言うには「自己チューの子どもが多くて困る」というのです。

幼稚園に入るとさっそく男の子が駆け寄ってきて「こんにちは！」。

気持ちのいいあいさつだなあと思いながら、園長先生とあれこれ話をしていました。

すると、庭のほうで何か騒ぎが持ち上がったようです。大慌てで出て行く園長先生のあとについて、私も庭へ出ました。

すると、さっきあいさつしてくれた小さな紳士が、なんと滑り台の上まで三輪車を持ち上げて、落としたというのです。落とした先の砂場には、女の子が遊んでいたのでした。幸い大きなケガではなかったものの、三輪車に当たった女の子は大声で泣いています。

女の子の面倒をみている先生の横で、園長先生が「ダメじゃないか！」と男の子を叱っています。するとその子は「だって、ボク、したかったんだもん！」と言って、向こうに走っていってしまいました。

「三輪車を落としてみたいな」と考えるのは自由です。けれど、その自由を主張して行動に移したら、下にいる女の子が自由を侵害されるわけです。

園長先生が男の子をきつく叱ったのは、緊急事態だからそれでいいと思うのですが、大切なのはそのあと。

この小さな紳士も、女の子にぶつけようとしてやったのではないですから、びっくりしているでしょう。それが落ち着いたら、

「あぶなかったね。〇〇ちゃんに当たっちゃったね」

と話をするのです。「やりたかった」ことをやった結果がどうなったか、確認して

もらって、相手のことを考えて「がまん」する必要があることを教えるのです。

もちろん三輪車を落とすこと自体が問題ですが、ここは仮に百歩ゆずって、こんなふうに考えてもらうこともできます。

「もしまた三輪車を落としたくなったら、今度はどうやって落としたら、他の子の迷惑にならないかな?」

たとえば「今から三輪車を落とすから、先生、ちょっと見てて」とか、下にいる女の子に「今からボク、三輪車を落とすから、ちょっとどいて」と頼むとか、「一緒に三輪車を落とそうよ」と誘うとか、方法はいろいろ考えられるわけです。

極端な例ですが、このことに限らず「今、したいから、すぐする」というのでは、他の人の自由を侵害することになります。

たった一人で生きているのではない以上、絶対的な自由というのはなくて、どこかで他の人と折り合いをつけなければいけません。自分の楽しい気持ちも大事にして、他の人の楽しい気持ちもじゃましないように、がまんの方法を考える。

集団生活のなかで楽しく生活するために、そのことを子どもに教えてほしいのです。

自分の思いを言葉で伝えられる子になるには？

むしゃくしゃすると誰かをぶったり、ドアを乱暴に閉めたり、親に八つ当たりしたり。こんな衝動を「がまん」してきちんと言葉で伝えられる子に育てるためには？

いかにも機嫌の悪い顔で家に帰ってきたお姉ちゃん。学校で何かくやしいことでもあったのでしょう。いきなり弟をポカリとやりました。お母さんは驚いて、

「どうしたの！　なんでぶったの⁉」

……理由はこの際、いいのです。「なんで」だとしても、弟をポカリはいけません。

「弟を叩いてはダメ！」

とはっきり言って、あとはガミガミ叱るよりも、ポカリとやられた弟のほうに「大丈夫？」と注意を向けてあげましょう。

しばらくたってから、
「さっきは、何か言いたいこと、あったのかな？　叩くのはダメだけど、言葉で話せるなら、お母さんは聞くよ」
と言えばいいのです。

嫌なことがあると壁をどんと叩く子もいれば、こんなご飯いらない！　とお母さんに八つ当たりする子もいます。

そこで、やめなさいだの、食べなさいだの、争ってもしかたありません。「壁を叩いてはダメ」と言えばいいのだし、ご飯がいらないのなら「いらないんだね、わかった」と片づけてしまえばいいのです。

あれこれかまっていると、間違ったことを教えることになりかねません。嫌な気分をそのまま行動にすれば「何か嫌なことがあるんだな」とわかってもらえる、関心を向けてもらえる……というふうに思ってしまうことになるのです。

悲しそうにすねたり、しくしくと泣くのも同じことです。

「どうしたの？　悲しいの？　何かつらいの？」

子どもの気持ちを代弁しようとすると、その子は自分で説明しなくてもよくなってしまいます。

自分から、言葉で伝えられるようにすることが大事です。怒りをぶつけたり、しくしくと泣いているときには、あまりかまわずに見守って、少し落ち着いてから、

「さっきはどうしたのかな？　言葉で言ってごらん」

とうながせばいいのです。

「何でもない」と言うなら、しつこくすることはありません。

「そうか、わかったよ。もし、話したくなったら、お母さんはちゃんと聞くからね」

こんなふうに言っておけば、子どもは自分から話すようになるのです。

子どもの「性格」ではなく「行動」に注目する

「わがままなんだから!」「なんて悪い子なの!」「いつもぐずぐずして!」……こんなふうに叱りつけるよりも、子ども自身が考えられるように、ひと工夫してみませんか?


親も、学校の先生も、つい子どもにレッテルを貼ってしまいがちです。

ブロックが思ったように組み立てられずに頭にきて放り投げ、そこにあったグラスを割ってしまった……それを見て思わず「なんて悪い子なの!」と叱るお母さん。

うしろでずっと待っている小さな子がいるのに、ゲーム機の前に陣取って席をゆずろうとしない……その光景に「そんな自分勝手じゃダメだ!」と責めるお父さん。

校庭でやっている大縄跳びに入ってみたいのに、跳べなかったらどうしようと足がすくんでいる……そこへやってきて、「あれぐらいのことをこわがるなんて、いくじがないぞ」と言う先生。

人格や性格を決めつけても子どもにとって何もプラスにはなりません。むしろ「自分は悪い子なんだ」「いくじがないからダメなんだ」というふうに、勇気がくじけてしまいます。

あなたはこういう子だと言うのではなく、行動の結果に注目するといいのです。

「放り投げたから、グラス割れちゃったね」

「あの子は順番代わってもらえなくて、悲しかったかもしれないな」

「やってみなかったの、ちょっと残念かな？」

レッテルを貼っても、子どもにとっては何もプラスになりませんが、結果に注目すれば、失敗を認めて、そこから学んでいくことができるのです。

うまくできなかったときには、次からどうしたらいい？

今度はゲームをちょっとがまんして、「やりたい？」と声をかけてみたらどう？

大縄跳びに入れるように、ちょっと練習してみる？

そうやって次の一歩を一緒に考えるのです。

その子のいいところを見つけて言葉にしよう

「友だちがいないみたい」「うまく集団になじめないようだ」……こんな悩みを持ったお父さん、お母さんのために。子どもの自信が育つよう手助けする方法があるのです。


「うちの子は、うまくみんなと遊べないんです」と、よくお母さんから相談されます。

でも、**まず考えるべきことは、子どもが、遊びたいのかどうかです。**

もしも、みんなと一緒に遊びたいのに、それができずにいるのなら、

「なんて言ったら入れてもらえるかな?」

「じゃあ、ちょっと練習してみようか」

と声をかけて、お母さんが友だちの役になって、練習してみるといいでしょう。

クラスの子と友だちになりたいのに仲よしになってくれる子がいない、というなら、

「まず誰に声をかけてみようか？」

「じゃあ、その子になんて言ったらいいかなあ？」

「帰りに『遊ぼう』って言ってみるのはどう？」

いろいろ相談して、それを練習してみます。


でも、そんなにみんなと遊びたくない場合もあります。

お母さんは「隣のあの子みたいに毎日みんなと活発に遊んでほしい」と思っているけれど、子どものほうは、一人でじっくり自動車のことを調べたり、絵を描いたり、アレコレ空想するのが楽しかったりするのです。

外へ行くより、もう少しお母さんと一緒にいたい、という子もいます。子どもにとっては、お母さんと安心して遊べて、家族みんなで安心して遊べて、そのあと外の集団に入っていくという順序が一番自然だからです。あるときは大勢と遊んで回るけれど、あるときはじっと一人で何かを作ることに熱中する、という子どももいます。

親というのはつい、ないものねだりをしてしまうものです。

子どもがとても活発で、たまに勢いあまって他の子をコツンとやったりすると、「うちの子は乱暴ばっかりして」となります。みんなにやさしく、誰の言うことも聞いてあげるような子は、「八方美人で言いたいことも言えない」となったりします。

でも、まずは、**その子のいいところに関心を向けてみることがかんじんです。**

あるお母さんは、子どもが小学校一、二年生の間、「集団になじめない。これで学校についていけるのだろうか」と心配していました。

でも、三年生になってからの担任の先生が子どものいいところをたくさん見つけてくれたのです。劇の小道具を作るのに大活躍した、クラスの壁新聞に描いたマンガがとてもいい……。先生がその子の得意な分野を後押ししたので、彼はみるみる生き生きしてきて、力を発揮するようになりました。

お母さんも、子どもが家で粘土をこねていると、それまでのように「外で遊んだら？」と言うのをやめて、「今度は何？　ああ、なるほど！」と、作品を楽しみにするようになりました。そのうち彼は、木の上に基地を作ったりしてみんなの遊びの中心に。自分の強みをみんなのために生かして、周囲とつながれるようになったのです。そしてときには、部屋にこもって一週間かけて大作に挑戦したりしているそうです。

モノで気を引こうとするのは「認めてほしい」サイン

コンビニでみんなにお菓子を買ってしまう。おこづかいで買ったものを友だちにあげちゃう。友だちに好かれたいと思ってする子どものこんな行動に、どう対応したらいい？

小学校二年生で転校したばかりのA子ちゃんのお母さん。同じクラスのB子ちゃんのお母さんからかかってきた電話にびっくりしたそうです。それはこんな電話でした。B子ちゃんの部屋にゲームに使うコインがたくさん散らばっていたため、「これどうしたの？」と聞いたら、「転校生のA子ちゃんにもらった。あの子、いつもくれるんだよ」と言うのであわててしまった。家にあったコインの分は、子どものおこづかいで返すことにしたけれど、今までの分をどうしましょう？　ご存知だったでしょうか？

……というのです。

もちろんお母さんは知りませんでした。

A子ちゃんは、貯金箱に貯めてあったはずのお年玉をとりくずして、クラスの友だちとゲームに行くたびにコインを買っては配っていたのです。

お母さんは「それはお金をあげるのと同じことでしょう！　どうしてそんなことをしたの！」と叱ったそうです。

お母さんとしてはあわててしまったのでしょう。無理もない話です。でも、叱る前に子どもがその行動をした目的を聞いてみるといいかもしれません。


「何のために、B子ちゃんたちにコインをあげようと思ったのかなあ」

「だって、みんなが喜ぶから……」

「みんなに喜んでもらおうとしたんだね」

転校した先で早く誰かと友だちになりたくて、子どもなりに一生けんめい考えたのでしょう。コインを配れば、みんなが自分を受け入れてくれると思ったわけです。

同じような目的で、コンビニに行っては、みんなにお菓子を買ってあげる子もいます。自分のオモチャをどんどん友だちにあげてしまう子もいます。

ちょっと考えてみてください。

同じあげるのでも、どこかの国の飢えている子どもたちに食べ物を贈ったり、文房具が足りない子どもたちに鉛筆やノートを贈るのとは、話が違います。ゲームの好きな友だちに自分が終わったゲームを貸してあげたり、おこづかいをちょっとがまんして友だちの誕生日にその子の好きなクマのメモ帳をあげる、というのとも、違います。

相手の役に立とうとか、自分にとって大事な友だちに喜んでもらおうとしてではなく、あくまで「自分を受け入れてほしい」ためにやっているのです。

こんなときは、**「それは間違いだよ」と叱るより、むしろ「今、この子はみんなに受け入れてもらう自信がないのかな？」と、子どもの様子を少し見守ってあげることがかんじんです。**

叱るだけだと、子どもはまた同じことをして、お母さんに隠そうとするかもしれません。第一、叱られたことでよけいに自信をなくすかもしれません。

まずは子どもの気持ちを認めてあげましょう。

「そうか。みんなに喜んでもらって、早く友だちになりたかったんだね」

そして、考えてみるのです。

「友だちって、どうやったらなれるのかなあ」

モノをあげることで友だちになろうとすれば、モノでつながった関係しか作れなくなってしまいます。そうではなく、たとえばお互いが困っているときに助け合ったり、一緒の楽しみで夢中になれたり、一緒の目的に向かって励まし合ったり、お互いの気持ちをごまかさずに言えるのが、友だちです。

手っ取り早くモノで友だちになろうとするのではなく、ちょっと「がまん」して少しずつ友だち関係を作っていかれるように、手助けしてあげるのです。

それには、どうしたらいいでしょう。

「一緒に遊ぼうよ」とか「昨日どんなテレビ見た？」「どんなゲームが好き？」……こうやって自分から声をかけるのが、「友だちになりたいな」という合図なのです。

「まず、誰と友だちになりたい？　じゃあ、どんなふうにしたらいいかな？」

子どもが自信を持てるように、お母さんが友だち役になって、いろいろな場面を練習してみるといいと思います。ちょっとぐらい失敗しても大丈夫、と教えてあげてください。

5章

子どもの「がんばる心」をくすぐる、ちょっとしたひと言

子どもががんばったとき、言ってはいけない言葉

成績が伸びた子に「がんばったね」とほめたあと、つい「次はもっとがんばるのよ」と言ってしまいがち。でも、子どもの力を伸ばすには、気をつけたいことがあるのです。


算数が苦手で、いつも五〇点ぐらいの子どもが一生懸命勉強したのです。そして、

「お母さん、見て見て、八〇点とれたよ！」

「よかったねえ。いい点がとれて」

そこで終わりにしておけばいいのに、ついよけいなひとことを言ってしまうのです。

「じゃあ、次は一〇〇点とれるようにがんばりなさい」

今回その子は「がんばった」はずなのに、その分がなしになってしまいました。子どもは、このぐらいではがんばったことにならなくて、もっとがんばらないと、認め

てもらえないというように思ってしまうのです。

中学生ぐらいになると、次のように聞いてしまうお母さんも多いのではないでしょうか？

「それで、平均は何点だったの？」

八〇点をとって意気揚々としていた子どもが急に小さい声になって「九〇点だよ」。

「なんだ、平均以下じゃないの。それじゃあ、あんまりよくないじゃない。このぐらいで喜んでないで、もっとしっかりがんばってよ！」

子どもはがっくりです。

一〇〇点を基準にすることはないし、他の子どもの点数を基準にする必要もありません。その子はがんばって、そして成果が出たのです。

「よかったね」と一緒に喜んで、「がんばったんだね」と認めてあげる。それで終わりにしておけばいいのです。

そうすれば子どもは、親がわざわざ言わなくても「この次はもっとがんばろう」と思うものです。

「できたね」のひと言で、子どものやる気は倍増する

子どもがその気になるには、「達成感」が必要です。達成感はほめられて得られるもの。「早くしなさい！」と叱るより「早くできたね」とほめるためのコツとは？

家族で旅行に行く日、子どものしたくがなかなか進みません。「早くしなさい！」とお母さんは何度も声をかけました。みんなで駅まで荷物を抱えて小走りとなり、何とか予定の電車に乗れました。そんなとき、

「あんたが早くしないから、ぎりぎりじゃないの！」

と叱られるのと、

「急いでくれたから、なんとか間に合ったね。よかったね」

と言ってもらうのとでは、子どもの気持ちはどう違うでしょう。

したくに時間がかかったとしても、別にのんびりしようと思っているわけではなく、子どもなりに急いでいるのです。子どもというのはたいてい何をやっても、大人が思うより時間がかかるもの。

「もっと早くしなさい！」

と叱られ続けた子どもは、「自分はダメなんだ、できないんだ」と感じます。急いだことを認めてもらった子どもは、次にはもっと早くできるといいな、と思えるのです。

いつもいつも、「それぐらい、がまんしなさい！」と命令され、「どうしてがまんできないの！」と叱られている子どもは、「あなたはダメだ」と言われているように感じて、「がまん」がどういうことなのかは、まったくわかりません。

「がまんできたね」

そう言って認めてもらった子どもは、これが「がまん」ということなんだ、自分はがまんできるんだ、とわかります。

一カ月がまんして、ほしかったゲームソフトを買ってもらったら、次にはギターを手に入れるためにお年玉とおこづかいを半年貯めて、がまんできるかもしれません。本当に入りたい高校に入るためなら、寝ころがってのんびりしたいのをがまんして、一生けんめい勉強するかもしれません。

「自分はできるんだ」「次はもっとできるだろう」

……こういうふうに思えることが、何よりも子どもの力になるのです。

マイナス面ではなくプラス面に目を向ける

「ほら、またこぼした！」「またそうやって散らかすんだから！」なんて叱り続けていませんか？　困った行動を減らすには、目のつけどころを変えるといいのです。


イスをがたがた揺らしたり、遊んだものを片づけずにそのへんに散らかしたり……。

「何でじっとできないの！　またそうやって、ホントに落ち着きがない！」

「ほらまた散らかして！　片づけなさいっていつも言ってるじゃないの！」

つい、子どもの困った行動に注意を奪われて、そのたびに叱ってしまいがちです。

「揺らさないでね」

「ソファと床の上のもの、自分の部屋に片づけてね」

この言い方は、子どもにとっては命令としてとるでしょう。してほしいことがあるなら具体的に言えばいいのです。叱るのではなく頼むことです。

親が関心を持つ行動を、子どもは無意識に繰り返します。

プラスの関心を寄せてもらえばもちろん一番うれしいのですが、こっちを向いてくれないよりは「ほら、また！」と文句を言ってくれるほうが子どもは安心なのです。

なかには、親に振り向いてほしくてわざと騒ぎを起こす子もいます。

静かに落ち着いていてほしいのなら、それができていないときに関心を向けるのではなく、できたときに声をかけるのです。食卓についている間中ずっと、がたがたイスを揺らし続ける子どもはいません。

「あ、静かにできてるね！」

片づけなさいと何度も大声で言うよりも、片づけたところで、それをちゃんと認めてあげましょう。

「片づけられたね。これだと気持ちがいいね」

半分しか片づけていなくても、

「だいぶきれいになったね。半分片づくと、ずいぶん違うね」

こう言ってあげればいいのです。

「できない」と言ってやらないときの声のかけ方

「だってできないもん！」という子どもの言葉に要注意。「やってみなきゃわからないじゃないの！」と叱らずに、その子の気持ちをちゃんと言葉にしてもらいましょう。


スポーツ施設の無料体験に行ってみたら、トランポリンがあります。

「おもしろそうね、やってみる？」と聞くと、「だって……できないもん」と子どもは返事をするのです。できないかどうか、やってみないとわかりません。

「じゃあ、お母さんの手につかまって、そっと乗ってみる？」

「だって……落ちるかもしれないもん」

「落っこちないように見ててあげるから」

「だって……なんか、やだもん。こわいもん」

「そうか、できないんじゃなくて、やりたくなかったんだね」

子どもが「できない」というとき、たいていはこういうことです。お母さんのすすめることに、自分は気が進まないけれども、そう言うと叱られるような気がして、「できない」を持ち出すのです。「自分のせいじゃないよ」ということです。

「できないのかな？　それとも、やりたくないのかな？」

こうやって聞いてみるのもいいでしょう。

問い詰めるのではなく、次からは「やりたくないもん」と言ってもいいのだと教えてあげるのです。

できないのなら、親が少し手助けするといいでしょう。

「できるところまでやってみる？」

「半分だけお母さんが手を貸そうか」

やりたくないものは、しかたありません。でも、何かのきっかけでやってみようかなと思うことはあります。

「どんなふうだったら、やりたくなるかな？」

と聞いてもいいのです。

大人でも、よくあります。何かの集まりに誘われて、「行きたくない」とはなかなか言いにくいものです。それでたいていは「ちょっとその日は、行かれません」と言って断わるのです。

これはある種の婉曲表現ですから、確かに、処世術として役立つこともあるでしょう。特に最近の若者や子どもたちは、親しい同士でも非常に婉曲な表現を使うようです。

高校生に聞いた話ですが、好きな女の子が自分のほうを向いてくれなくなり「オレたち別れたの？」とメールしたのだとか。その意味を聞いてみると「別れたくない」なのだそうです。けれども、これでは伝わらないのではないでしょうか。

恋愛はともかくとして、少なくとも自分のなかでは**「できない」のか「やりたくない」のかがはっきり区別できることが大切です。**「できない」は、自分で責任をとらないための言いわけだからです。そして、**必要なときには相手に向かって「やりたくない」「イヤだ」とキッパリ言えることも大切なのです。**

「何度言ったらわかるの」と怒る前に、こう言えばいい

「わかった？」「ハイ！」と元気に答えるのに、実はちっともわかってない！　何度言えばいいの、と怒ったりあきれたりする前に、こんな工夫はどうでしょうか。

子どもに何か頼むと「ハイ！」と元気に返事が返ってくる。けれど、ちっとも動こうとしない……。

「うちの子は、返事ばかりで、全然やらないんだから」ということになります。

そんなときは、復唱してもらえばいいのです。

「テーブルのお茶わん、お勝手まで持っていって」

「ハイ！」

「……お母さん、今なんて言ったっけ、○○（子どもの名前）の言葉でちょっと言ってくれる？」

「ハイ……え、何？」

「どうして聞いてないの！」と叱ることはありません。テレビやマンガなど、他のことに関心が奪われているときに何か言われたから、うわの空で機械的に返事をしたわけです。

きちんと返事をしないと怒られるから、それが習慣になっているのでしょう。「何て言った？」と聞くことで、注意がこちらに向きます。

「テーブルのお茶わんを、お勝手に持っていくのよ。わかったかな？　じゃあ、言ってみて」

「お茶わんを、お勝手に持っていく」

「じゃあ、悪いけどすぐやってくれる？」

「でも今、ちょっと……」と言うなら、交渉します。

「いつだったら、やってくれるの？」

「コマーシャルになったら」

「じゃあ、わかった。コマーシャルになったら、やってね」

忘れてお茶わんをそのままにしていたら、次の朝まで残しておけばいいのです。

「おや、まだここにあったんだね、ずいぶん時間がかかっているね」

と言ってもまだ片づけなかったら、昨日のお茶わんの上にご飯をよそってあげてもいいでしょう。


頼んだことは、途中で手出しをせずにやってくれるまで待つほうが得策。

無事、やってくれたら、

「ありがとう。助かった」

と言えばいいのです。

挫折体験を「次へのステップ」に変える対話術

がんばって、一生けんめいやったのに、試験に落ちちゃった……。そんなときこそ、「がまんできる力」、そして「あきらめない力」を伸ばすチャンスにもなるのです。

小学校のクラスで、一〇人ぐらい私立の中学を受験して、あの子もこの子も第一志望に受かったけれど、うちの子はダメだった。

……これは親子ともに、けっこうショックのようです。

何かの目的のために、とれる方法というのはたくさんあります。決してひとつではありません。

うまくいかなかったからといって「ダメだ」ではなく、むしろうまくいかなかったときこそチャンスになることもあるのです。

失敗を通して「別のやり方があるんだよ」ということを子どもに教えてほしいのです。

富士山に登るとき、五合目までスバルラインで行ってもいいし、スバルラインが閉鎖ならば富士吉田からテクテク歩いて登ってもいいし、ヘリコプターで頂上に降りたっていいのです。だから、スバルラインが通行止めだからって、「そうか、富士山に登るのはあきらめるしかないな」と思わなくても、「吉田口から行ったらどうかな」とか「どうしても頂上に行きたいからヘリコプターをチャーターしよう」と考えることもできます。

そういうことができると、生きていく上で強いのです。ところがひとつしか方法を知らずにいるから「ダメだったんだ」ということになってしまうのです。

「がまん」は、あきらめとは違います。むしろ「あきらめないエネルギー」なのです。今の大人たちの多くは、がまんを知らずに「まあ、このぐらいだろう」「ほどほど

でいいや」とあきらめていますが、がまんしてあきらめない限り、夢は続いていきます。

受験の話に戻りましょう。

うまくいかずに「ダメだった」と自暴自棄になったり、ふさぎ込んだりしてしまうのではなく、何のためにその学校に行きたかったのかなと考えてみればいいのです。

どこどこ大学に行きたいから、というなら、別にその中学に限らず、方法は限りなくあるでしょう。

そこの中学からエスカレーター式の高校のラグビー部とか吹奏楽部にあこがれて、ということなら、次の年に編入試験を受けることができるかもしれないし、高校でもう一度挑戦したっていいのです。次に受かるためには、どんなふうにしたらいいかな、と考えることになります。

でも実際は、そんなにはっきり目的が決まっている子どもは少ないでしょう。たいていは親が「なんとかいい学校に」というので受験をさせていたり、勉強熱心で成績がいいからとか、友だちのあの子が受けるから、といった理由が多いと思います。

だとしたら、せっかくだからこの機会に、

「どんな中学時代にしたいのかな？」

と子どもの望みや考えを聞いてみて、それをかなえるための方法はなんだろう、と一緒に考えればいいわけです。

お母さんは内心がっかりでも、子どものほうは意外と、「よく考えたら、自分は本当にあの学校に入りたかったわけでもないな。別にあそこじゃなくても、地元の中学でもよかった」ということは多いのです。

「そうか、わかってよかったね。じゃあ、地元の中学でやりたいことは何かな？」

それを探しましょう。

6章

ゲーム、スマホ…との、上手な距離のとらせ方

ネットの世界こそ、がまんが必要なワケ

掲示板やチャットでの中傷、出会い系サイト……。ルールのない世界に巻きこまれがちな子どもたちのために、親が知っておくべきこととは？

小学校高学年ぐらいになれば、ほとんどの子どもが、スマホやパソコンを使いこなすようになります。

近ごろの中学や高校では、ネットの掲示板が問題になっています。学年ごと、クラスごと、といったように有志の掲示板が作られていて、そこで特定の人を標的にした中傷が行なわれる場合もあるそうです。標的にされた人は、つらくなって学校に行かれなくなってしまう……。

これを防ぐために、生徒指導の先生などが「見回り」をして、こうした掲示板を見

つけては、不適切な発言の削除を管理人に依頼します。すると、生徒のほうは依頼のコメントを見て「あ、先生が来た」と気づき、その掲示板は急に沈静化するのですが、また、別の新しい掲示板が作られるそうです。

なんだかまるで、いたちごっこです。

自分の姿が見えない、相手の姿も見えない。サイトのなかはお互いに匿名だから、面と向かって言わないようなことでも、平気で言ってしまいがちです。

人間というのは残念ながら、自分に責任が降りかかってこないとなると、やってはいけないこともやってしまう面があるのです。

他にも、バーチャルな世界の危険はあります。

やりとりをしている相手が、名乗っている通りの人間とは限らないこと。

小学生の女の子同士で、好きなバンドをめぐってチャットしているつもりが、実は片方は大学生だった、なんていうことがあります。

相手の言いたい内容が、自分の受け取った通りとは限らないこと。

これはふつうの会話でもありえますが、メールやSNSになると、その温度差は広がります。

大人でも、メールのやりとりで勘違いが起きることはあるでしょう。自分は楽しくメールをやりとりしているはずなのに、相手は実は怒っていたということもあります。メールで親しくなった人と、初めて電話して話してみたら、全然イメージが違ったし相手の言葉のニュアンスも違った、なんていうこともよくあることです。

なかには、薬物など犯罪がらみのサイトもあれば、出会い系のサイト、自殺をすすめるようなサイトもあります。個人の情報や金銭を盗み取るようなサイトもあります。

バーチャルな世界は、現実の世界とはかなり違います。ですから現実世界と別のルールを作ることが必要なのですが、いまだにルールが確立していません。やりたい人のやりたい放題、「がまん」のない世界なのです。

大人なら、自己責任ということになりますが、子どもの場合はそうはいきません。そういう危険や危険を避ける方法を、きちんと教える必要があります。

この章ではそれを考えていきましょう。

「パソコンばかりやって!」と叱らずにすむ方法

「パソコンばっかりやっていないで勉強しなさい!」と叱る前に、子どもが没頭している世界を知ることから始めましょう。どこにそれほどまでの魅力があるのでしょうか?

小学五年生のお母さんから相談がありました。

「うちの子は、パソコンで遊んでばっかりいて、ちっとも勉強しないんです」

その子によくよく聞いてみたら、自分でホームページを立ち上げて、掲示板を運営し、かつ、興味があるテーマの掲示板にあちこち出入りしたり、チャットもやっていると言います。結局、一日五時間近くパソコンの前に座っているのです。

ところでお母さんはパソコンができません。お父さんが少しわかるぐらいです。家のなかで、パソコンに関しては、その子が一番進んでいるのです。

そのお母さんにアドバイスしたのは、「パソコンばかりやっていないで！」と叱る代わりに、別の方法がありますよということです。

「お母さんに、パソコン教えてくれる？」

そう頼めばいいのです。

小学生の子どもは、お母さんに何かを教えてあげるのが大好きです。教わりながら一緒に時間を過ごせば、子どもが五時間を費やしている世界のことを、少しは知ることができます。どこが魅力なのか、どんなことができるのか、子どもはどんなところが一番楽しいと思っているのか。

「こんなことができるんだ。お母さん感心しちゃったよ」

「へえ、こうやってやるのね？　なかなかおもしろいねえ」

まずはそうやって、認めてあげましょう。

「パソコンばかり」と否定してかかるのではなく、まずは子どもにとっての魅力や子

どものがんばりを理解することからです。その上で、

「お母さんとしては、一日にこれぐらいは勉強もしてほしいな」

「今の時期にはこういうことも大切だと思うけどな」

と意見を言えばいいのです。


親がネットの世界を体験することで、そこにある危険についても徐々に理解していくことができるでしょう。それを知っておけば、子どもが困ったときに助けになることもできるのです。


……苦手だからちょっと無理、という方もいらっしゃるかもしれません。

だとしたら、こうした分野に強い子育て仲間や友人に、「何かのときには応援してほしい」と頼んでおけばいいのです。

情報時代だからこそ必要な大人の役割とは？

メールやインターネットの情報に踊らされがちな子どもたち。親の経験から、何をどう教えてあげたらいいのでしょうか。新しい子育ての知恵が必要になっています。

近年、SNSなどを通じて拡散する「フェイクニュース」に注目が集まっています。バーチャルな世界の広がりは、政治もずいぶん変えていますが、それよりもさらに、子育てを大きく変えました。

まだ気づいていない大人が多いようですが、いつのまにか、親と子のバランスが変化しているのです。

基本的には、親と子は対等です。どちらがえらいとか、どちらが相手の言うことを聞くべきだとか、そういうことはありません。ただし、対等ではあるけれど「同等」ではないのです。

違いは何か。それは、情報と経験です。

大人のほうが広い世界に生きているので、情報をたくさん持っています。

大人のほうが長く生きているので、たくさんの経験をしています。

どうするかは子ども自身が決めるけれども、決めるのに必要な情報を提供するのは大人の役割でした。決めたことが適切かどうか、大人の経験に照らして考えて、「このほうがいいと思うよ」「こんな方法もあるよ」と教えてあげることもできるわけです。

これまでは、そうだったのです。でも今は……ちょっと違います。

分野にもよりますが、子どものほうが情報をキャッチするのが早く、しかもたくさんの情報を持っている、ということが起きているのです。

だいたい小学校高学年ぐらいまでにこうした逆転が生じます。親よりも、先生よりも、進んでいるのです。

では、大人の役割は何なのでしょうか。

それは「情報の判断のしかた、情報の扱い方を教えること」ではないかと思います。

子どもは経験が少ないので、あふれる情報を自分で判断することが難しいのです。

この情報はどこから来たものか？　どれぐらい本当だろうか？　何のために発信された情報だろう？　どんな人を目的にした情報だろう？　自分にとって価値のある情報だろうか？

メディア・リテラシー（情報を評価・識別する能力）なんて言うと、いかにも難しく聞こえますが、現実世界では今まで大人たちがやってきたことです。

お隣のおばあさんが近ごろ広めている噂話をどう解釈するか、あの友人とこの友人がケンカして違う言い分を主張しているけど自分はどういう立場に立つか、スーパーの安売りチラシに躍っている「今回限り！」をどれぐらい信用するか、そういうことと結局は同じなのです。大人としての経験と判断力が、ものを言うのです。

そう考えたら、子どもの手助けができると思います。

「話の根拠を確かめたほうがいいよ。あまりやたらに広めるのはどうかな？」

「こっちの人はこういう立場だけど、あっちの人は別の立場なんだね。○○だったら、どっちの立場に立つ？」

「とってもいいことが書いてあるね。これは、売っている人が書いているから、つまり買ってくださいと言いたいんだね。じゃあ、○○だったら、この使いかけの消しゴムを誰かにどうしても買ってもらいたいとしたら、どんなことを考えつく？　ちょっと大げさでもいいから、考えてお母さん（お父さん）に教えて」

バーチャル世界に飛びこんだ子どもにとっては、とても必要なことです。

子どもがスマホを手放せない理由

子どもの年齢が上がるにつれ、メールやメッセージのやりとりに費やす時間が増えてきます。どうして夜中までSNSばっかり？　そこには、こんな背景もあるのです。


私などは、ぐるぐるとダイヤルを回す電話の時代に育っています。

今のお母さんたちは、生まれたときからプッシュホンの電話だったかもしれません。

そして大人になるまでの間にパソコンと携帯電話の普及を体験してきたことでしょう。

ところが今の小学生にとっては、パソコンも携帯電話も、生まれたときから身近にある「当然の道具」なのです。

メールやSNSでの会話というのは、実際の会話とはかなり違います。

「どうしたの」というひと言にしても、目の前にいる人が声に出して言った場合、とても心配な表情で言っているかもしれないし、いったいどうなっているのかと責めている調子かもしれないし、少し笑ってあきれているかもしれません。あるいは、違うことに気をとられていないでちゃんとこっちを見てよと呼びかけているのかもしれません。電話でも手紙でも、こうした相手の気配は、それなりに伝わってくるものです。携帯電話やパソコン上の文字になったときには、こうした気配がほとんど消えてしまいます。ある程度の気配まで伝えるには、書く人にかなりの表現力が必要とされるのです。

おそらくその点を補おうとして、顔文字や（笑）などの表記が普及したのでしょうが、記号はやはり、記号です。みんなが使い始めるにつれて、単語と変わらなくなり、相手の解釈次第になります。

実際の会話では、自分の言葉に対して相手が黙っていることは少なくありません。共感してうなずいているかもしれないし、なるほどと考えこんでいたりするかもしれません。あるいは、もっと聞きたいなと思って目を輝かせているかもしれません。ちょっと他のことに気をとられていたり、なんと答えようかなと吟味していることもあります。

ところがメッセージに返事がなかったり、SNSに書いたひと言に誰も反応してこないと、なんだか「無視された」ようで、とても不安な気分になるものです。相手の顔が見えないからです。

大人は今までのさまざまな経験をもとに判断するので、「まあ、きっとこんなところだろう」と思うこともできるでしょうが、子どもたちは不安を呼びやすいコミュニケーションのなかに最初からどっぷり浸かっているのです。

ウェブサイトやSNSなどは、まさに世界中に情報発信しているわけですから、その意味では「公共の場」なのですが、きちんとそれを意識していないと、ついつい際限なく自分を出してしまうこともあります。

どんな人が見ているかわからないというリスクはもちろん、たまたま見た人にどんな影響を与えるだろう、といったことも考える必要があると思うのです。

どんなルールを作っていけばお互いに安心で、お互いに役立つのか、まだこれからの課題です。子どもたちは今、その過渡期におかれているのです。

危険サイト・迷惑メールから子どもの身を守るために

子どもが有害なサイトやなりすましメールなどで思わぬ被害に遭わないために、そして周囲に迷惑をかけないために、親として具体的な方策を立てて見守ることが必要です。

お父さんやお母さんのパソコンを借りて使っている、という子どももいるでしょうし、家族全員が自分のスマホを持っていて、家族の予定はネットで共有している、というケースもあるようです。

ネット世界に入っていくための最低限の心得として、ウイルスソフトをはじめとした安全対策は、親の責任としてきちんとする必要があります。ここがおろそかになっていると、自分だけでなく、他の人たちにも迷惑をかけるからです。

特定のサイトへのアクセスを制限するフィルターをつけることも、考えてみるといいでしょう。アメリカなどでは、子どもがネットを使ったあとで親が履歴をチェックできるということを、あらかじめ約束しておくべき、という考え方もあるようです。

その上で、**一番よいのは「親が一緒にやりながら教えてあげる」ことです。**

たとえそれが無理だとしても「どんな使い方をすればいいのか」については必ず話し合っておきましょう。

どんな時間帯に使うのか。どういうことをするときは、必ず親も一緒にやることにするのか。どんなことがあったら「必ず教えてね」と約束するのか。

たとえば、現実の世界では知らない、インターネットで出会っただけの相手には、「住所や電話番号、学校名などのプライバシー」を教えてはいけないことなど、その意味も含めてきちんと納得してもらうことが必要です。

子どもがネット世界で安全に行動できるようになるまで、きちんと見守ってあげるのです。

同時に、親もこの社会の一員として、ネットに関してこれからどのようなルールを作っていったらいいかということを、一緒に考えていただきたいと思います。

「がまんできる心」が、判断力を磨く

クリック(タップ)する前に、ちょっと「がまん」して、立ち止まって考える。そんな習慣が、バーチャル世界を安全に渡っていくためにも大いに役立つのです。

これはよくないな、ちょっと危ないなと思っても、気になってつい見てしまう。大人だってそういう人がけっこういるからこそ、ネットを利用した詐欺も成り立つのでしょう。

あちこちの掲示板などに出入りしていると、好ましくない反応が返ってくる場合もあります。誹謗中傷の目に遭うことだってあるし、相手がイライラしていて八つ当たりの対象にされてしまうことだってあるでしょう。

イヤだなと思ったら、見なければいいのです。どうしても気になって見たくなって

しまうけれど、勇気を出して、その衝動をぐっとがまんする。自分を守るためです。
ちょっと興味をそそられても、危ないかもしれないなと感じたサイトは見ない。
何だろうなと思っても、他人から紹介されたものをやたらにチェックしない。
覚えのない相手からのメールは開けない。
根拠のない情報がきてもやたらと広めない。
行動する前に、ちょっと考えること。
「がまん」ができる子どもは、バーチャル世界でも賢い判断を磨いていかれるはず。
これからの時代を生き抜いていくために、必要な力です。

インターネットをはじめバーチャルな情報網のいいところは、たくさんあります。広く情報を集められる。情報をリアルタイムで受け取り、発信できる。たくさんの情報を比べられる。現実世界ではつながりにくい人（立場・地域・年齢など）ともつながれる。
子どもがこの道具を上手に使いこなすことができれば、将来に向けて、能力と可能性が広がるし、力を発揮する舞台も大きく広がるのです。

7章

親の「少しのがまん」で、親も子ももっとラクになる

びくびくしながらの子育てから抜け出すには？

近ごろ、子どもが「加害者」になることを心配しているお父さん、お母さんが少なくありません。そんなびくびくしながらの子育てを抜け出すために、知っておきたいこととは？

「うちの子が何か事件を起こしたらどうしよう」

最近のお母さんが子育てで一番心配なことは何かなと思って、ある場所で聞いてみたら、そんな答えが返ってきました。

びっくりしました。

被害者になることより、加害者になることを心配しているのですから。

これには、最近の報道の影響もあると思います。

未成年の凶悪事件そのものは、統計をちゃんと調べれば、数として増えていないのですが、そういう事件が起こるたびにとても詳細に新聞やテレビが報じます。

ニュースというものには流行があって、食品に異物が混入したと言えば異物混入のちょっとしたことまで次々と記事になるし、子どもが変だということになれば世間はそれに興味しんしんですから、子どもの事件がやたらと大きく報道されるのです。

実際には、どうしてその事件を起こしたのかなんて、誰にもわかりません。他人の心は見えないからです。でもマスコミとしては、周囲の人の言葉の端々をつなげて、それらしく報道しなければなりません。

「ごくふつうの、いい子だった」「親が厳しすぎた」「親が無関心だった」「実はこんな障害があったのではないか」といったことになるわけです。

世間がすぐ「親の責任」と言いたがっても、それは違うということを覚えておいてください。子どもが問題を起こすのは、親のせいではありません。

親のせいなんだと思って子どもの代わりに問題を解決しようとしたり、親のせいにされたくないからと必死で「いい子育て」をしようとする必要はないのです。

ただし、**子どもが問題を解決するのを助けるのは、親の役目です。自分で問題解決ができる子になるよう、子どもを信じて、チャンスを与えて、勇気づけるのも親の大切な役目です。**

お母さんたちには、もっと子どもを信じてほしいと思います。

親がびくびくして育てていたら、何もいいことはありません。「子育てに自信がない」というお母さんは多いですが、初めてのことに自信がないのは当たり前です。それでも、子どもが今生きているのだったら、お母さんはよくやっているのです。子どもを死なせずに育てていくだけで、たいへんな事業なのですから。

自信がないお母さんよりも、むしろ「私の子育てが絶対正しいのだ」と言うお母さんのほうが、子どもにとってはちょっと迷惑かもしれません。人は誰でも間違うものです。

私だって、子育てでいっぱい間違ってきたのです。自分がいつでも正しいと言い張る人は、間違いを認めたくない人なのです。

あまりいろいろなことを細かく考えすぎないことが、上手な子育てのコツかもしれません。

ニュースはほどほどに心に留めておく。いろいろ出ている育児書なども、もちろんこの本もそうですが、あんまり一生けんめい読んで何から何までその通りにしようとがんばらなくていいのです。

周囲の人の言うことも、まあほどほどに聞いておく。

先生からも、おじいちゃんやおばあちゃんからも、隣のおばちゃんからも「いいお母さんね」と言われなくちゃと思ったら、疲れてしまいますよ。

もう「何を考えているのかわからない」と心配しなくてもいい

うちの子、あまり感情を出さないんです。何を考えているのか、わからなくて……。でも、それはたいていの場合、こういうことではないでしょうか？


「うちの子は感情を出さないんです」と言うお母さんが最近増えています。

もしも発達障害などの可能性が心配というのであれば、まずはお母さんが保健所などに行って様子を話してみることです。その上で必要なら、専門の児童精神科医などを紹介してもらって、お子さんと相談に行かれることをおすすめします。

でもたいがいは、ちょっと話を聞いてみるだけで心配のしすぎだとわかります。

感情を出さないわけではないのです。ちゃんと見ていれば、ふてくされたり、イライラしたり、泣いたりしています。

お母さんが考えているのは、「楽しそうにしていない」とか「隣のあの子みたいに元気で活発にふるまっていない」とか、だいたいそういうことなのです。

楽しくなかったら、楽しそうにはしないでしょう。本当は楽しくないのに、親の前で気を使って楽しそうに明るくふるまっているとしたら、そのほうがよほど心配です。


だから、感情がどうのこうのと悩む前に、「この子はどうやったら楽しそうに笑うかな？」と考えてみたらどうでしょうか。

子どもは、どんなことが好きですか？

何をやっていると、夢中になりますか？

どんな話をすると、乗り出してきますか？

何を望んでいますか？

……目の前にいる子どもに、ちゃんと関心を向けてみましょう。

とても活発な子もいれば、じっくり静かに考えて行動する子もいます。**理想通りの「感情を出す」ことを期待するのではなく、その子の好きなことや、いいところを認めてあげることです。親に認められれば、子どもは安心して伸びていかれるのです。**

子どもを「信用する」と「信頼する」の大きな違い

自分の子どもが信じられない……と心のなかで思って悩む日があるお父さん、お母さんへ。こんなふうに考えれば、とってもラクになれるはずです。

子どもを信じる。

これは何よりも大切なことです。

「そんなこと言っても、子どもは未熟だし、何をするかわからないし、第一うちの子なんてこんなこともできないし、まだまだとても信じるなんて……」

そう言うお母さんもいます。

信じるということの意味を、取り違えているのです。

同じ信じるのでも、「信用」と「信頼」とがあります。

響きは似ていますが、まったく違います。

信用というのは、相手の能力や今までの行動をはかりにかけて、「信じても損はしないだろう」と判断するものです。いわば計算ずくのものです。

銀行がお金を貸すときなどが、この信用に当たります。もし相手が期待通りでなかったら、「しまった、信用して損をした」ということになるのです。

信頼は、無条件のものです。期待通りにならずに、裏切られることもあるかもしれない。それでも相手を信じるほうに懸けるのです。

そもそも子育ては、「うまく育ったから得をした」とか「思うような子にならなかったから損をした」なんていうものではありません。投資や利殖とは違うのです。

子どもの力と可能性を信じて、それがうまく伸びるように手助けしてあげる……それが親や、周囲の大人や、社会全体の仕事なのです。

子どもを、心から信頼してみてください。

何が危険か見分ける力が、子どもを守る

世の中危険が多くて、子どもをどこまで放っておいていいのかわからないという人も多いでしょう。親として、地域の住人として、その境界線をもう一度考えてみませんか?

ちょっと血が出ただけで、保健室にかけこむ子どもが増えています。たまには先生が「このぐらい大丈夫だよ、ツバつけておけば治るよ」ぐらい言ってもいいのになあと思うのですが、なかなかそういうわけにいきません。

「ちゃんと手当てをしないで、破傷風にでもなったら学校はどう責任をとるんですか!」

なんて言い出す親御さんがいらっしゃるからです。

あれこれ心配するお母さんの子どもは、心配する子どもになってしまいます。お母さんが心配するのが心配だから、言いたいことも言わなくなったり、やりたいこともやらなくなったりします。子どもにとってはとても気の毒な状態です。

危険は、生きていればいろいろあります。あらゆる危険の可能性を避けようとしたら、家に閉じこめておくしかなくなってしまうのです。

たぶん、なんとかなるだろう……ぐらいの余裕を持ってくれると、子どもも楽だし、学校も余裕ができ、お母さん自身も楽になると思うのですが……。

放っておいてはいけない危険もあります。

たとえばマンションの屋上の柵が破れていて、小さな子どもがおもしろがってそこをくぐっている、なんていう場合です。ちょっと足を踏み外したら、死んでしまう可能性だってあります。こういう命の危険がある行動を、「冒険も大事」なんて放っておいてはいけないのです。

見かけたら「ダメ！」ととにかく止めること。そして、必要な相手に交渉して柵を補修してもらう必要があります。自分の子どもでなくても、気づいた人が大人の責任として当然とるべき行動です。

最近、廃屋のようになった場所で起きた事件がいくつか報道されました。

そのような場所を放置しているのは、地域として子どもの安全を守る配慮が欠けていると思います。

「子どもは危ないことをしながら、育っていくのだ。あちこち柵を作ったり、危ない場所をなくそうとするのは過保護だ」という考えの人もいます。


何十年か前だったら、確かにそうだったかもしれません。その時代には、いつも地域の大人が子どもを見守っていて、「危ないよ」と声をかけたものだし、一緒に冒険して身を持って危険への対処を教えてあげる大人やお兄さんもいたのです。

今は、ほとんどの地域で、そうした「近所の大人」がいなくなっています。親は何でもかんでも心配しがちだし、学校もその親に対応して慎重になっています。子どもは、どこからが危険かをちゃんと教えてくれる大人の存在を失っているのです。

ですからせめて、「地域から危ない場所をなくす」ことで、地域の大人として子どもたちの安全を守る行動をとってほしいのです。

同時に、大人は危険の程度を賢く見分ける目を持ってほしいものだと思います。子どもは失敗を通して学んでいくものですが、致命的になるような失敗は、させないように大人が守らなくてはいけません。ただし失敗してそこから学んでいく体験を、子どもから奪ってはいけないのです。

なお、誤解を受けてはいけないので念のためつけたしておきます。私が言いたいのは、保健室が「ツバをつけておけば治る」子どもたちばかりいる場所になっている、という意味ではありません。

手当てを必要としている子どもはもちろん、教室に居場所がなくて、保健室という居場所があることで学校に行くことができるという子どももいます。

また、養護の先生に「心の手当て」をしてもらったことで、元気を取り戻していく子どもたちもいるのです。

「うちの子だけは」という考え方の落とし穴

自分の子どもはかわいいもの。どうしても、「うちの子だけは、うちの方針で」と考えてしまいがちです。でも、そんな考えが、子どもの力をそいでしまう場合があるのです。

あるラジオ番組で、こういう話をとりあげたそうです。

それは、ご飯を食べるときにかかせない「いただきます」の言葉についてでした。保護者が学校に対して「うちはちゃんと給食費を払っているのだから、子どもが先生に向かっていただきますと言うのを強制するのはおかしい」と抗議したのだとか。するとこの考えに賛同する声が、たくさん届いたというのです。

腰が抜けるほど、びっくりしました。

賛同した人に好意的に解釈すれば、これは孤食の影響なのかもしれません。家族が時間差のように一人一人食事をとっていて、みんなそろって「いただきます」と声を合わせることがなくなったために、この言葉の意味がわからなくなっているのでしょう。

給食の「いただきます」は先生に向かって言っているわけではありません。

その食べ物を作ってくれた人たち、調理してくれた人たち、運んでくれた人たち、そして生き物を育んでいく地球や、自分自身がこうして毎日食事ができること……そうしたすべてに感謝しての「いただきます」なのです。

それを給食費という次元に押しこめてしまうとは、あまりにもがっかりです。

ある学校では、「給食を残さずに食べましょう」という方針を出した先生に対して、親からの抗議が殺到。アレルギーといったことならわかりますが、「うちの子は果物が苦手です。無理に食べさせないでください」「うちの子は良い食材を選んで食べさせているので、給食が口に合わないこともあります。本人の自由にさせてください」……。

同じような発想で、「うちの子の担任は、あの先生にしてください。優秀な先生でないと、うちの子どもが損をしてしまいます」と学校に要求する親御さんが、非常に増えているそうです。うちの子どもでなかったら、損をしてもいいのでしょうか。

先生が子どもを叱ったら、その子が言ったそうです。「うちの親は税金を払っていて、先生はその税金で雇われている公務員でしょ。どうして納税者の子どもを叱るんですか」と。小学生にしては、ずいぶん頭の回る子だなとは思いますが、こんなことにせっかくの能力を使うのは、もったいない話です。

勉強ができることや、スポーツが得意なことや、人をまとめるのが上手なことなど、子どもの持っている力があるとしたら「それをどうやって、他の人のために役立てるのか」「将来、どうやって世の中の役に立つ人になるのか」ということを、親はいつも考えさせてほしいものです。

そのためには、お母さんたちも「うちの子さえよければ」という考え方や、権利ばかり主張する行動を、ちょっとやめてもらえたらいいのですが……。

子どもは親を見て育つものです。「うちの子さえよければ」という親の行動は、「自分さえよければ」という子どもを育てることになります。

「うちの子」とともに育っていくたくさんの子どもたちや、「うちの子」をともに育てていく地域や、学校や、社会や、そしてこの地球のことを、考えてほしいのです。

終章

それでも、つい感情的になってしまうときには

「子どもを育てること」＝「社会に貢献すること」

子育ては、たいへんです。時間は自由にならないし、子どもは言うことを聞かないし、「もう、がまんができない！」と思われること、ありますよね？　そんなときは……。

子育てほど、「がまんが必要な仕事」もないでしょう。

日本の女性は長いこと、忍耐を強いられてきました。親に尽くし、嫁いで夫と舅姑に尽くし、子に尽くし……。実らないかもしれぬ忍耐を強いられてきたからでしょうか、今では女の人が一番、がまんを否定するようです。

ただし社会に出て働いてみると、そうはいきません。やりがいのある仕事をしていくためには、がまんも必要になります。そうでなければ、「まあ、こんなもの」とあきらめるか、その場から去るしかなくなります。

子どもを育てることは、会社で仕事をするより、たいへんなことです。心情的には「私には私の自由があるはず、がまんはイヤだ」と感じている女性にとって、有給休暇もボーナスもない子育ては、さらにしんどいと思います。

お母さんをしていると、やりたいことがなかなかやれなくなります。独身でのびのびやっている同年代の友人に比べて、なんで私は子どもなんか作っちゃって……と思うこともあるかもしれません。子育てが、よけいな負担のように感じてしまう。「がまん」がつらくなるときです。逆に、子どもに自分の理想をすべて注ぎこもうとして、自分一人の作品であるかのように思ってしまうこともあるかもしれません。これも子どもに対する「がまん」を知らない例です。

子育てには「がまん」が必要だけれど、待つこと、工夫すること、衝動でそのまま行動する前に考えることが、これほど大きく報いられる仕事もありません。でも親だって人間ですから「がまんできない！」と感じるときもあるもの。

そんなときのために、この最終章が役立てばと思います。

子育ての3つのプレゼント

「がまんができない！」と思ってくじけそうになったときに、ぜひ読んでください。子育ては、こんなに素敵な形で報いられるのです。

両親学級で、子どもを育てることには三つの贈り物がある、という話をします。

一つめは、子どもの成長をこの目で見られることです。

初めてオモチャに小さな手を伸ばした日。
初めて笑った日。
初めてはいはいで進んだ日。
初めてつかまり立ちした日。

初めて一歩二歩とよろよろ踏み出した日。

初めて「ママ」と声に出した日。

こうした喜びは、他のどんなことからも得られない、かけがえのない贈り物です。日々の成長を見守りながら、人はこうやって育っていくんだな、自分もこうやって育ててもらったのかな……という思いをめぐらしたり、育てることを通して、学びながら、お母さん自身が大きく成長していくものです。


二つめは、人の輪が広がることです。

赤ちゃんを連れて歩いていると、今までになかった体験をしませんか？　見知らぬ人が笑いかけてきたり、声をかけてくれたりするのです。

子どもは、決して一人では育てられないもの。大勢の人の輪のなかで育っていきます。だから自然と、赤ちゃんは人を惹きつける魅力を持って生まれてくるのです。

毎日会社に通うだけという生活をしていると、地域で暮らす他の人たちとのつながりはほとんどないままになります。けれども親となることがわかったときから、保健所の保健師さん、母親学級や子育て学級で出会った仲間との出会いがあり、そして子どもの成長とともに、公園で一緒になったお母さん、保育園や幼稚園の仲間や先生たち、小学校のお母さん仲間……次々と新しい出会いが広がっていきます。

みんながこの町で、いろんなふうに生きているのが見えてきます。独身の人たちや、子育てに関わらないお父さんには、知ることができない世界です。

三つめは、次の世代を育てるという社会への貢献です。

人は自分の満足だけでなく、社会の役に立つことで、本当の幸せを得られるもの。子育てという仕事は、自分の子どもというより、次の社会を担っていく「社会の子ども」を育てているのです。周囲と協力しながら子どもを育てていくことは、どんな大企業の社長さんよりも大切な事業と言えます。

残念ながら今の社会がその価値をきちんと評価しているかどうかは疑問です。少子化が進む背景には、そのこともあるでしょう。

私は、**子育て中心か、仕事もしながら子育てしているかの違いに関わらず、お母さんたちがなさっていることは、何より貴重な社会への貢献だと思っています。**

困ったときに助けてくれる「7人の味方」の見つけ方

たった一人で子育ての責任を負う……それは、いくらなんでもたいへんすぎます。自分のために、そして子どものためにも、「七人の味方」を得るコツ。

かつて、男は外へ出ると「七人の敵あり」なんていう言い方をしました。

お母さんには「子育てには七人の味方あり」と覚えておいてほしいと思います。

もうちょっと正確に言うなら、子どもを育てるにはお母さんだけではたいへんなので、少なくとも七人の手助けがほしいのです。

そして、お母さん以外に七人ぐらいの大人が関わることで、子どもは一番伸びるのです。ぜひ七人の味方を、見つけてほしいものです。

子どもはもともと、お母さん一人で育てるものではありません。これまでの歴史でも常に、多くの大人たちのなかで育ってきたのです。

お父さんはもちろんのこと、おじいちゃんやおばあちゃん、幼稚園や保育園や学校の先生、小児科のお医者さん、近所の大人たち、そしてお母さんの子育て仲間や友人など、多くの人たちと役目を分担したり、支えてもらったり、困ったときには助けを借りながら、育てていってほしいのです。

あなたが頼りにできる人を、数えてみてください。七人いるでしょうか？

こんなお母さんもいます。

お姑《しゅうと》さんに子どもを半日預けたら、あらかじめ「玄米中心の自然食で育てている」と説明して食べ物や飲み物はこれでとお願いしてあったのに、変な食品添加物の入ったお菓子やらジュースやらを与えたらしい。しかもおみやげにまで持たせてくれて、子どもがほしがってしまう。もうあのお姑さんには預けない！

……そう言って、ぷりぷりしているのです。

確かに「自分のやり方」というものはあるでしょう。けれどもそれを貫くことよりも、いろんなやり方、考え方も適度に混ざったなかで育っていくほうが、子どもにとってはいいのです。そのほうが、お母さん自身も楽です。違う考え方ともほどほどに折り合いをつけておけば、いざというときに頼れる相手がたくさんできるからです。

おじいちゃん、おばあちゃんとは縁を切っていて、だんなさんは仕事ばっかりで、初めての子育ては育児書が頼りで、子どもはなかなか自分の思うようにならずに……というのではあまりにもたいへんすぎます。

なかには、どうにもやりにくいおじいちゃん、おばあちゃんもいますから、「干渉しないでください」と言いたい気持ちはわかります。

へんなおじいちゃん、おばあちゃんとは無理につきあわないにしても、代わりにうまくつきあえる、子育て経験のある年上の人を見つけておくことは大切です。本では得られない知恵や励ましがもらえるからです。

近ごろではインターネット上でも、子育てサークルのようなものがたくさんできているようです。そこに集う人たちにもよるでしょうが、子どもが小さくてなかなか外出ができないうちは、支えになると思います。ただしできれば、現実の世界でぜひ子育て仲間を作ってください。

自分がたいへんになったとき、「実は私もそうだよ」「うちの子もそんなことがあった」「そのときこんなふうにした」「こうやったら、失敗しちゃった」と話ができる相手がいることは、とても力になるのです。そのなかに、「七人の味方」に加わってくれる人が見つかるはずです。

独身の友人も、意外なときに味方になってくれたりします。

あるお母さんの場合、仕事上で親しくつきあっている仲間がいて、子育てとの両立のために忙しいお母さんを、何かと手助けしてくれたのです。

子どもにとっては、自分のお母さんよりもちょっと冷静で、ユニークで、社会のことを何でもよく知っているかっこいい大人の女性です。

子どもが思春期の始まりに悩みを抱えたとき、まずそれを打ち明けたのはお母さんではなく、この友人でした。お母さんにはなかなか打ち明けられなかったことを、彼女と長いこと話し合い、アドバイスを得たことで、問題を見事切り抜けたのです。

お母さんが自分の人脈を子育てに上手に巻きこんでいると、子どもが助けを得たいときに、お母さんに相談しようか、それともお父さんかな、おばあちゃんかな、それともあのおばさんに話してみようかなと、「人選」をすることができるのです。

つまずきそうになったときに頼れる大人が大勢いることは、子どもにとって何よりの資源になります。

ぜひ、七人の味方を探してください。

お母さんがそうやって周囲の人間関係のなかで頼ったり頼られたりして助け合っているのを見て育った子どもは、同じように人間関係を広げていく力を伸ばすことができます。

「立派なお母さん」「賢いお母さん」「残念なお母さん」の違い

「子どもを萎縮させてしまうお母さん」「子どもにチャンスをあげられないお母さん」も、ちょっとした考え方のコツで、「子どもの力を伸ばせるお母さん」になれるのです。

「立派なお母さん」と「賢いお母さん」そして「残念なお母さん」がいる……という話をしたことがあります。どこかの講演だったでしょうか。

「立派なお母さん」は、考えることも確かに立派だし、すばらしい理想を持っています。ただしその理想にかなう子どもを作り上げようと一生けんめいになるあまり、現実の子どもを見ていません。

今まで何度も出てきたような「もっとがんばりなさい」「それぐらいがまんできるでしょ」という言葉がけのパターンをやってしまうのです。

理想から現実を引き算するものだから、「まだここがダメ」「ここもできていない」「ここを直さないと」ということになります。

子どもも疲れるし、お母さんもへとへとになります。そのあげくに、子どもは「どうせボクなんかダメなんだ」「お母さんの願うようにはなれないんだ」と思ったりするのです。

「賢いお母さん」は、目の前にいる子どもの、いいところを見つけることができます。「がまんできたね」「よくがんばったね」と言うことができるので、認めてもらった子どもは「自分はがまんができるんだ」とか「よし、もっとがんばろう」と思えるのです。

これは引き算でなく、いいところを積み重ねていく足し算です。

最後に「残念なお母さん」です。

理想も期待も何もなく、要するにどうでもいいと思っていたりします。

あるいは、「よけいなことをせずに放っておけば、子どもは自然に成長するのだ」

と固く信じていたりします。

けれど人間というのは、社会のなかで生きていけるように成長するまで、とても手がかかるものなのです。放っておいてはダメです。

適切な時期に適切な刺激を与えること、失敗を通してさまざまな練習をさせること、社会のルールや文化を理解するための働きかけが欠かせません。

こうした機会を与えられないと、子どもは「がまん」や「がんばり」がきかず、ちょっとイヤになるとすぐ放り出したり、自分の気持ちや考えを言葉で伝えることができなかったりします。

この本を手にとってくださっているからには、みなさんは「立派なお母さん」か「賢いお母さん」のどちらかだと思います。

ぜひ、「賢いお母さん」になってください。

理想まっしぐらのために育児書に頼りっきりになったりせずに、**いろいろな考え方に触れながら、子どものいいところを見つける役に立つものを、役に立つところだけ活用してほしいのです。**

「もうイヤ」とくたびれてしまったときに効く心の処方箋

「もうイヤ……」とくたびれてしまったときの、とっておきの薬。そして将来、子どもにとって一番の支えとなる贈り物。今から、そっと準備しておきませんか?

目の前の子どもを見るとか、いいところを見つけるなどと言っても、「それどころじゃない！　どうしてこの子はこうなんだろう！」と頭にきて、やるせなくなってしまうことだってあるはずです。

子どもは本当に、親の思い通りになりません。そういうものだと思っていても、イライラが重なるとイヤになってしまったりするものです。

そんなとき、子どもが生まれた日を思い出してください。

もし記録がつけてあるのなら、それを読み返してみてください。

陣痛でたいへんなとき、何を思っていましたか。

オギャーという声を聞いたとき、どんな気持ちでしたか。

初めて赤ちゃんの顔を見て、どんな思いでしたか。

その日の空はどんなふうでしたか。

初めて抱いたとき、どんな感触でしたか。

お父さんは、どんな気持ちだったのでしょうか。


生命が誕生したことだけで無条件に感激だった……。

けれども人間というのは、日々を過ごすうちに感激が薄れてくるものです。

つい、理想のわが子にしようとして、ここもダメ、あそこもダメ、これじゃ困ると、目のなかにいっぱいよけいなゴミが入ってしまい、視界がくもって子どもの素敵な姿が見えなくなります。


子育てにいきづまったり、くたびれてしまったときには、お誕生の日を思い出してください。どんな気持ちで赤ちゃんと出会ったかを思い起こすと、育てていく元気が戻ってくるはずです。

今から、その日のことを思い出してノートに書いてみてもいいでしょう。

子どもの生まれた日の記録は、やがて子どもが大きくなったときに贈る、一番のプレゼントになります。

自分がこれだけ歓迎されて、この世に生まれてきたんだということ。

それは子どもにとって、何より大きな支えとなるのです。

子育てがもっと楽しくなる魔法の習慣

他の子よりできなくたっていいのです。期待通りでなくたっていいのです。子どもの「いいところ」をたくさん見つけられる親が、子どもの力を伸ばせる親です。


私の教室では、グループで子育てをお互いに勉強する会を開いています。

そこで時々、宿題を出します。

「子どものいいところを、一〇個以上書いてきてください」

すると、うちの子のいいところなんて、そんなにたくさん思いつきません、というお母さんがいます。

「いいところ」を「立派なところ」と勘違いしているのです。

まず生きているだけで、いいなあと思いませんか？

多少の好き嫌いなんかあっても、ご飯を食べるだけで、いいなあと思いませんか？

なかなか寝てくれない日があっても、最後はとにかく寝て、そして起きたとき、いいなあと思いませんか？

とびきりの笑顔を見せてくれることはありませんか？

なんともユニークなことを言ったりしませんか？

思わず悩みも忘れてしまうような、かわいいしぐさをしたりしませんか？

他にもいっぱい、いいところがあるでしょう。

「うちの子のいいところ」、どんどん書いてみてください。

楽しくなってくるのではないでしょうか。

すぐに効く！子どもへのイライラが静まる方法

「もう知らない！」「そんなこと言うなら、勝手にしなさい！」……こんなセリフが出そうになったとき、ちょっと工夫してみてください。

疲れているのに、台所は片づけなければいけないし、そこへもってきて子どもはますます散らかし放題だし、ゲームに熱中して明日の宿題をやろうともしないし、その上、ちょっと注意したら、自分が悪いのに八つ当たりしてくるし……。

お母さんは知らないからね！

勝手にしなさい！

そんな気分になったとき、まず向かうべき場所は、トイレです。

トイレでなくても、浴室へ行って浴槽をごしごし洗ってもいいのですが、ともかく、子どものいる場所からいったん立ち去りましょう。

感情は、相手が目の前にいるとどんどんふくれ上がって、バクハツします。子どもに怒鳴りつけてしまう前に、その場を離れてひと呼吸おくのです。

すると、イライラがしずまってきます。

そろそろ大丈夫かなと思ったら、今までやっていたことに戻りましょう。自分も子どもも落ち着いて話せる状態になったら、伝えたいことを伝えてください。声の調子で不機嫌さをぶつけるのではなく、言葉でちゃんと伝えるのです。

「脱いだ洋服と、今日の持ち物、そのへんに転がっているね。すぐ片づけてね」

それがすんだら、

「きれいに片づいたね。じゃあそろそろ、明日の宿題やったほうがいいと、お母さん思うけどなあ」

「このゲーム、セーブするところまでいってからだよ」

「そう。セーブするところまでいったら、宿題やるんだね」

「うん」

これでOKです。

怒鳴ってしまった後悔をリセットする、こんなひと言

怒るのはいけないと思いつつも、つい感情的になって、怒鳴ってしまうことってありますよね。でも、人間だからそれがふつうなのです。かんじんなのは、その後の行動です。


つい感情的に怒ってしまった……。

そんなの、別にいいのです。人間ならば、誰にでもあることです。

大事なのはそのあとです。

ちょっと言いすぎたかな、と思ったら、あやまりましょう。

「ちょっとお母さん、言いすぎた。ごめんね」

「さっきはカッカしちゃって、あんなこと言って悪かったね」

親だから正しくなければいけない……なんて、思うことはありません。間違っていいのです。

子どもに弱みを見せてはいけないとか、反省の顔を見せたらつけあがる、なんてことは決してありません。

どんな立場、どんな関係であっても、間違ったら「ごめんなさい」が必要だし、子どもにとっても「親も間違えるんだ」とわかったほうがいいのです。大人だからいつも正しいとは限りません。

お母さんが正しいふりをせずに、間違いや失敗を認めてあやまることができれば、子どももその姿を見て「自分も間違っていいんだ。失敗しても大丈夫なんだ」と思うようになります。そして、迷惑をかけたときは素直に「ごめん」とあやまれるようになります。

あんまり立派で完ぺきなお母さんだと、子どももイヤになってしまいます。

少しは抜けていて、「うちのお母さん、また抜けてるな」というぐらいのほうが、ホッとできるし、楽しいではないですか。

子育ては「がまん」が必要だけれど、それがうまくいかないこともあるし、たいていは間違いの連続です。

間違うたびに、次はどうしたらいいかなと考えたり、周囲の人にも助けてもらって、お母さんも成長していくのです。

正しい子育てをしなくていいのです。

どうか、楽しく子育てをしてください。

おわりに——アドラーの教育に関するとらえ方

最後に、アドラー心理学の創始者であるアルフレッド・アドラーが、教育について、どうとらえていたかをお伝えしましょう。

アドラーは、第一次世界大戦に軍医として参加しました。彼の母国であるオーストリアは戦争に敗れ、オーストリアの首都ウイーンに戻った彼は、強い衝撃を受けました。

ちょうど日本が太平洋戦争で敗戦した戦後の混乱期と同じように、親を失い住むところのない多くの子どもたちの姿に強い衝撃を受けたのです。

このような悲惨な世の中はどうしたら防ぐことができるのか——。

もともとアドラーは社会的な出来事に強い関心を持っていました。このような悲惨な事態を招かないために、幼児や子どもたちに他者と共に生きていることを教えなければと考えたのです。

これがアドラー心理学の「共同体感覚」と呼ばれるものです。

私たちの社会の多くが上下の関係で組み込まれています。この関係は争いや競争を生み出します。伝統的な教育や家庭でのしつけも、この関係の中で育てられてきています。

アドラーは戦争のない未来を子どもたちが作るためにも、対等な関係の中で育てられる必要を強調しました。教育や子育ての中で「横の関係」、すなわち競争ではなく協力の経験を育てることの大切さを主張したのです。

現在のアドラーの教育や子育て論は、そのことを具体的に説き明かしたものです。

この本のメインテーマである「がまんする心」は共同体感覚に属するものです。ただ気をつけなければいけないのは、「欲望」を否定することではないということです。「欲望」は生きるということ。それを否定するのではなく、共同体にどう役立つかを考えました。

お互いを尊敬しあい、共に生きる仲間だということを、私たちは未来を作る子どもたちにしっかり教えなければなりません。それが教育や子育ての役割ではないでしょうか。

星　一郎

本書は、小社より二〇〇六年に刊行された『アドラー博士が教える子どもの「がまんできる心」を引きだす本』を改題し、加筆・修正したものです。

青春文庫

アドラー心理学《しんりがく》で子《こ》どもの「がまんできる心《こころ》」を引《ひ》きだす本《ほん》

2019年 2 月20日　第 1 刷

著　者　星《ほし》一《いち》郎《ろう》

発行者　小澤源太郎

責任編集　株式会社プライム涌光

発行所　株式会社青春出版社

〒162-0056　東京都新宿区若松町 12-1
電話 03-3203-2850（編集部）
03-3207-1916（営業部）
振替番号　00190-7-98602

印刷／大日本印刷
製本／ナショナル製本

ISBN 978-4-413-09717-8